ABC der Tiere Lesebuch 4

Herausgegeben von

Klaus Kuhn

Bearbeitet von

Katrin Herter, Klaus Kuhn, Stephanie Volk

Illustriert von

***Konrad Algermissen, Andreas Besser,
Renate Emme, Christiane Ruth Franke, Katrin Gaida, Ingrid Hecht,
Susanne von Poblotzki, Achim Schulte, Heike Treiber***

Mildenberger

Zum Lehrgang gehören

Materialien für Schülerinnen und Schüler

Lesebuch, 160 S., vierf., FeEbd, 19,5 x 26 cm	4402-90
Arbeitsheft zum Lesebuch, 80 S., vierf., Gh	4402-92
Sprachbuch, 160 S., vierf., Br., im Schutzumschlag, inkl. 240 Wortkarten, DIN A8	4402-91
Wortkarten zum Sprachbuch, 240 Wortkarten/19 Blankokarten, DIN A8, vierf., für Nachbezug	4402-95
Arbeitsheft zum Sprachbuch, 80 S., vierf., Gh	4402-93
Wortkarten, DIN A8, vierf., in 5-Fächer-Lernbox	4402-96

Materialien für Lehrerinnen und Lehrer

Handbuch zum Lesebuch, methodisch-didaktische Kommentare	4402-70
Handbuch zum Sprachbuch, methodisch-didaktische Kommentare	4402-71
Poster „Ritterburg“, DIN A0, vierf., gefaltet auf DIN A4	4402-85

www.ABC-der-Tiere.de

Auf der Webseite zum Leselehrgang ABC der Tiere finden Sie:

- Alle Informationen zu ABC der Tiere
- Aktuelle Beiträge
- Forum für Ihre Fragen direkt an den Autor Klaus Kuhn
- Termine der Vorträge
- Interaktive Präsentation mit vielen praktischen Beispielen
- Videos aus der Unterrichtspraxis
- Viele kostenlose Downloads

Impressum

Bestell-Nr. 4402-90
ISBN 978-3-619-44290-4
Auflage 5 4 3 2
Jahr 2015 2014 2013 2012

www.mildenberger-verlag.de
E-Mail: info@mildenberger-verlag.de

Druck: aprinta Druck GmbH & Co. KG, 86650 Wemding
Gedruckt auf umweltfreundlichen Papieren

Kein Verbrauchsmaterial

Dieses Buch ist zur Wiederverwendung gedacht.
Bitte nicht hineinschreiben.

Bezugsmöglichkeiten

Alle Titel des Mildenberger Verlags erhalten Sie unter: www.mildenberger-verlag.de oder im Buchhandel. Jede Buchhandlung kann alle Titel direkt über den Mildenberger Verlag beziehen. Ausnahmen kann es bei Titeln mit Lösungen geben: Hinweise hierzu finden Sie in unserem aktuellen Gesamtprogramm.

Inhalt

Einleitung

1. Wir sind in Klasse 4

2. Feuer, Wasser, Erde, Luft

Inhalt

3. Manchmal fühle ich mich ...

4. Im Lauf der Zeit

5. Mädchen und Jungen

6. Arbeit und Beruf

7. Entdecker verändern die Welt

8. Fantastisches und Märchenhaftes

9. Tiere und Natur erleben und entdecken

Inhalt

10. Orte – nah und fern

11. Medien

12. Jahreszeiten

Verzeichnisse

So fange ich an, denn ich will euch anreden:

Liebe Leser,

Und mit dieser Anrede komme ich schon ins Grübeln. Ich kenne euch nämlich nicht, an die ich mich wende. Und sollte ich zufällig jemanden kennen, dann einen unter tausend. Das ist eine sonderbare Sache, die mich immer wieder durcheinander bringt. Der Schriftsteller kennt die meisten seiner Leser nicht. Er schreibt – voller Vertrauen – für Menschen, die ihm unbekannt sind.

Zu den Zeiten, als Bücher noch nicht gedruckt wurden, als die meisten Leute noch nicht lesen konnten, erzählten die Dichter und sahen ihren Zuhörern in die Augen. Da waren die Leser Zuhörer. Der Erzähler merkte, wurde die Runde unruhig, dass seine Geschichte nicht genügend spannend war. Oder er konnte feststellen, dass die witzigen Sätze gar nicht so witzig waren, wie er sie sich gedacht hatte. Es lachte nämlich keiner. Zustimmung oder Ablehnung waren für ihn also sofort vorhanden. Das ist heute anders. Beim Schreiben sind wir allein.

Manche von uns lesen das, was sie gerade geschrieben haben, in der Familie oder vor Freunden vor. Viele tun das nicht. Und wenn sie mit ihrer Erzählung, ihrem Roman oder ihren Gedichten fertig sind, wenn die Arbeit abgeschlossen ist, sind sie eigentlich noch einsamer.

Der Verlag druckt das Buch, schickt es an die Buchhändler. Es liegt in den Schaufenstern und wird hoffentlich gekauft. In dieser Zeit denkt der Schriftsteller besonders stark an seine unbekannten Leser. Er versucht sie sich vorzustellen. Er erinnert sich, wie er in dieser oder jener Stadt vorgelesen hat. Es fallen ihm Gesichter und Unterhaltungen ein und er malt sich aus, dass diese Frau oder jenes Kind sein Buch gerade lesen. Im Grund erzählt er sich damit wieder eine neue Geschichte. Die Geschichte von seinem möglichen Leser.

Manchmal bekommt der Dichter Briefe von Lesern. Ihr könnt euch gar nicht ausmalen, wie wichtig sie ihm sind. Es sind Botschaften für ihn. Mehr noch. Aus dem Selbstgespräch, das er geführt hat, als er das Buch schrieb, wird mit einem Mal ein Gespräch. Da mischt sich jemand ein. Da sagt jemand: Ich hab dich verstanden. Oder: Warum hast du mir das nicht noch genauer erzählt? Oder: So etwas habe ich auch schon erlebt.

In solchen Augenblicken ist der Schriftsteller glücklich. Auch wenn er allein an seinem Schreibtisch sitzt, ist er nicht mehr allein.

Wir Dichter brauchen eure Fantasie. Sie ist unsere Zukunft. Unsere Hoffnungen, unsere Träume können ein Teil eures Lebens sein. So wie sie ein Teil unseres Lebens sind.

Peter Härtling

Lesekonferenz

Die Klasse 4c blättert im neuen Lesebuch „ABC der Tiere“ herum: Der eine bleibt an einer Geschichte hängen, ein anderer schaut sich ein Bild an oder merkt, dass die Kapitel ähnlich heißen wie im letzen Jahr, und die nächsten beiden betrachten die Weltkugel-Figuren auf dem Einband. Dann liest die Lehrerin Frau Schulze den ersten Text im Buch vor. Sie fängt an: „Liebe Leser …“ Gleich lachen ein paar und sagen: „Wir lesen ja gar nicht, wir hören ja zu.“ „Ganz richtig“, meint Frau Schulze. „Ihr werdet sehen, dass es in diesem Text auch ums Zuhören geht. Also, ich lese weiter. …“

Als sie fertig ist, melden sich viele in der Klasse:

Frau Schulze fragt Lisa: „Und was meinst du?“ Die schüchterne Lisa hat sich nicht gemeldet. Leise sagt sie: „So schnell hab ich das alles gar nicht verstanden.“ Jetzt traut sich auch Jochen und fragt: „Einmal heißt es Dichter, dann heißt es Schriftsteller – gibt es da einen Unterschied?“
„Toll, was ihr alles sagt und fragt“, meint Frau Schulze. „Das ist wirklich kein leichter Text. Sprecht darüber miteinander!“

*In der **Lesekonferenz** könnt ihr in einer kleinen Gruppe miteinander über einen Text sprechen. Jeder kann seine Meinung äußern und seine Fragen stellen. Setzt euch zu dritt, zu viert oder zu fünft zusammen.*

1. Eine Schülerin oder ein Schüler sorgt dafür, dass jeder zu Wort kommt und dass die Aufgaben durchgeführt werden. Wechselt euch bei der Gesprächsleitung ab.
2. Einer von euch schreibt in knappen Sätzen oder Stichwörtern auf, was ihr in der Lesekonferenz besprecht. Dieses „Protokoll" ist eine Erinnerungshilfe an den Text und an eure Gedanken.
3. Schaut euch die Bilder oder Fotos an, die zum Lesestück gehören. Geben sie einen Hinweis auf den Inhalt des Textes? Was sagt euch die Überschrift?
4. Lest den Text still. Einigt euch zuvor, ob ihr ihn in Abschnitten oder als Ganzes lesen wollt.
5. Sagt reihum, was ihr zum Text meint – was ist darin interessant, ungewöhnlich, lustig, traurig, spannend, seltsam? Wie gefällt er euch?
6. Lest euch gegenseitig Textstellen vor, die euch aufgefallen sind – weil sie besonders interessant, lustig, wichtig oder schwierig sind.
7. Klärt miteinander schwierige Stellen. Bei unbekannten Wörtern helfen Bücher aus eurer Klassenbibliothek weiter.
8. Fasst mithilfe des Protokolls (Aufgabe 2) zusammen, was ihr zum Text besprochen habt.
   - **Um was geht es im Text?**
   - **Was habt ihr dazu gedacht?**

*Wenn ihr die Klasse **über einen Text informieren** wollt, könnt ihr zusammen folgende Aufgaben durchführen:*

1. Lernt den Text in einer Lesekonferenz gut kennen.
2. Verschafft euch einen Überblick über den Text. Das geht so:
   - Gliedert den Text in Abschnitte.
   - Findet für jeden Abschnitt eine Überschrift oder ein Stichwort.
   - Schreibt die wichtigen Wörter oder Sätze im Abschnitt auf.
3. Versichert euch gegenseitig, dass ihr den Text wirklich kennt: Stellt euch gegenseitig Fragen zu den Abschnitten und beantwortet sie.
4. Schreibt den Inhalt des Textes in eigenen Worten und tragt ihn in der Klasse vor.
5. Welche eurer Meinungen und Gedanken zum Text findet ihr besonders wichtig? Sagt sie zum Schluss eures Vortrags.

Schtefanie oder S-tefanie

Sie stand vor ihrer Klassentür, las das Schildchen „4a, Frau Schwab“ und holte tief Luft. Gleich am ersten Tag zu spät, das würde ein Theater geben! Sie klopfte leise an, sah die Augen von dreißig Mädchen und Jungen auf sich gerichtet. Jemand, der am Fenster stand und aussah wie ein zu schnell gewachsenes Schulmädchen, sagte: „Nanu!“ Das musste die Lehrerin sein. Wenigstens keine alte Schrulle, dachte Stefanie. „Ich bin für diese Klasse angemeldet“, sagte sie. „Dann such dir einen freien Platz und setz dich“, sagte Frau Schwab.

Stefanie setzte sich auf den einzig freien Platz am letzten Tisch. Wo hatte sie das Mädchen, das neben ihr saß, bloß schon einmal gesehen? Gestern am Möbelwagen, beim ersten Einkauf im Supermarkt? Das Mädchen lächelte sie an, wie man alte Bekannte anlächelt, dann schrieb es wieder. Alle Kinder schrieben. „Wir machen gerade eine Arbeit“, erklärte die Lehrerin. Stefanies Verspätung erwähnte sie mit keinem Wort.

„Isch hab gar keine Tinte mehr“, meldete sich ein Junge, „'nen Kuli hab isch auch nischt bei mir.“ „Wer kann ihm helfen?“, fragte Frau Schwab. „Isch!“, rief das Mädchen neben Stefanie.

Eine Sprache hatten die hier! Das hätten Ingrid und Meike hören sollen, schieflachen würden die sich! Stefanie wünschte, sie säße wieder in ihrer alten Hamburger Backsteinschule, in ihrer alten wackeligen Bank, neben Ingrid und Meike …

Jemand stieß sie an. Das fremde Mädchen an ihrer Seite. „Wie du heißt, möchten wir wissen“, sagte die Lehrerin etwas ungeduldig, weil sie zum dritten Mal fragte.

„S-tefanie Hoffmann“, sagte Stefanie.

Ein Mädchen kicherte und noch eins, ein Junge rief: „S-tefanie S-toffmann!“

Alle kicherten. Das Mädchen neben ihr auch? Nein, die nicht.

Stefanie sah mit rotem Kopf aus dem Fenster. Was die sich einbildeten, sollten sich mal reden hören: „Frollein, isch bin immer noch nischt fertisch.“ Lieber tot umfallen als so sprechen wie die. Stefanie schob trotzig ihre Unterlippe vor. Sie hörte nur mit einem Ohr dem Unterricht zu, mit dem zweiten lauschte sie Geräuschen aus einer anderen Welt: dem Bimmeln der alten Schulglocke … dem Tuten großer Dampfer … dem Möwengekreische am Hafen.

Man ließ sie in Ruhe, nur einmal stellte Frau Schwab ihr eine Frage. Bevor Stefanie antworten konnte, rief jemand: „Vorsicht, die s-puckt beim S-prechen!“

Diesmal lachten nur noch einige, der Witz war alt geworden. Stefanie zuckte mit den Achseln, in Hamburg sprachen alle so wie sie. Ob ein Kind von hier in Hamburg wohl … Ja, es würde auch ausgelacht werden, und wie!

Es klingelte. Stefanie packte ihr Bündel von Büchern. Sie trat auf die Straße. Das Mädchen, das an ihrem Tisch gesessen hatte, ging neben ihr.

„Isch wusste, dass du kommen würdest“, sagte sie in ihrer hässlichen Sprache. „Isch hatte disch schon beim Einzug gesehen. Isch wohne zwei Häuser neben dir.“

„Ach so“, murmelte Stefanie.

„Isch find’s toll, dass du die Büscher ohne Schultasche trägst, rischtisch jut.“

„Bei uns machen das alle so“, sagte Stefanie.

„Aber jetzt bist du bei uns“, stellte das Mädchen fest.

„Hm“, sagte Stefanie und fragte dann: „Wie heißt du?“

„Annette“, antwortete das Mädchen, „und du?“

„Weißt du doch.“

„Isch hab’s wieder vergessen.“

„Schtefanie“, sagte Stefanie und drehte sich um. Sie war zu Hause angekommen.

Gabriele M. Göbel

Hannes fehlt

Sie hatten einen Schulausflug gemacht. Jetzt war es Abend, und sie wollten mit dem Autobus zur Stadt zurückfahren. Aber einer fehlte noch. Hannes fehlte. Der Lehrer merkte es, als er die Kinder zählte.

„Weiß einer etwas von Hannes?“, fragte der Lehrer.

Aber keiner wusste etwas.

Sie sagten: „Der kommt noch.“

Sie stiegen in den Bus und setzten sich auf die Plätze.

„Wo habt ihr ihn zuletzt gesehen?“, fragte der Lehrer.

„Wen?“, fragten sie. „Den Hannes? Keine Ahnung. Irgendwo. Der wird schon kommen.“

Draußen wurde es jetzt kühl und windig, aber hier im Bus hatten sie es warm.

Sie packten ihre letzten Butterbrote aus.

Der Lehrer und der Busfahrer gingen die Straße zurück.

Einer im Bus fragte: „War Hannes überhaupt dabei? Den habe ich gar nicht gesehen.“

„Ich auch nicht“, sagte ein anderer.

Aber morgens, als sie hier ausstiegen, hatte der Lehrer sie gezählt, und beim Mittagessen im Gasthaus hatte er sie wieder gezählt, und dann noch einmal nach dem Geländespiel. Da war Hannes noch bei ihnen.

„Der ist immer so still“, sagte einer. „Von dem merkt man gar nichts.“

„Komisch, dass er keinen Freund hat“, sagte ein anderer, „ich weiß nicht einmal, wo er wohnt.“

Auch die anderen wussten das nicht.

„Ist doch egal“, sagten sie.

Der Lehrer und der Busfahrer gingen jetzt den Waldweg hinauf.

Die Kinder sahen ihnen nach.

„Wenn dem Hannes jetzt etwas passiert ist?“, sagte einer.

„Was soll dem passiert sein?“, rief ein anderer. „Meinst du, den hätte die Wildsau gefressen?“

Sie lachten. Sie fingen an, sich über die Angler am Fluss zu unterhalten, über den lustigen alten Mann auf dem Aussichtsturm und über das Geländespiel. Mitten hinein fragte einer: „Vielleicht hat er sich verlaufen? Oder er hat sich den Fuß verstaucht und kann nicht weiter. Oder er ist bei den Kletterfelsen abgestürzt?“

„Was du dir ausdenkst!“, sagten die anderen.

Aber jetzt waren sie unruhig. Einige stiegen aus und liefen bis zum Waldrand und riefen nach Hannes. Unter den Bäumen war es schon ganz dunkel. Sie sahen auch die beiden Männer nicht mehr. Sie froren und gingen zum Bus zurück. Keiner redete mehr. Sie sahen aus den Fenstern und warteten. In der Dämmerung war der Waldrand kaum noch zu erkennen.

Dann kamen die Männer mit Hannes. Nichts war geschehen. Hannes hatte sich einen Stock geschnitten, und dabei war er hinter den anderen zurückgeblieben. Dann hatte er sich etwas verlaufen.

Aber nun war er wieder da, nun saß er auf seinem Platz und kramte im Rucksack.

Plötzlich sah er auf und fragte: „Warum seht ihr mich alle so an?“

„Wir? Nur so“, sagten sie.

Und einer rief: „Du hast ganz viele Sommersprossen auf der Nase!“

Sie lachten alle, auch Hannes.

Er sagte: „Die hab ich doch schon immer.“

Ursula Wölfel

KLASSENKEILE

„Weißt du sicher, dass du das Geld in der Federtasche hattest?“, fragt Herr Meinecke. Renate nickt. „Es war ein Zehneuroschein.“ Sie wischt sich die Tränen fort. Herr Meinecke lässt den Blick durch die Klasse wandern. „Jetzt sieht er mich!“, denkt Clara und wird rot. So ergeht es ihr jedes Mal, wenn in der Klasse etwas passiert ist. Herr Meineckes Blick ruht auf Clara. Ihr rotes Gesicht hat ihn stutzig gemacht. Clara schlägt die Augen nieder und spürt, wie ihr noch heißer wird. „Es ist besser, derjenige, der es getan hat, meldet sich freiwillig“, sagt Herr Meinecke.

„Die Ente ist ganz rot!“, ruft Bernd da auf einmal. „Bestimmt war sie es.“ Clara ist es, als setze ihr Herz aus. Das war es, was sie die ganze Zeit befürchtete: Ente – alle rufen sie so, seit sie neu in die Klasse kam und Michael sagte: „Was ist denn das für ’ne hässliche Ente?“ Einen Moment lang ist es still. Aber dann schreien alle durcheinander, bis Herr Meinecke die Hand hebt. Er wendet sich Bernd zu: „Wie kannst du so etwas sagen? Du kannst doch Clara nicht einfach verdächtigen.“ „Aber sie ist ja ganz rot geworden“, verteidigt Bernd sich. Clara will etwas sagen, doch sie bekommt den Mund nicht auf. Moni, die hinter Clara sitzt, stößt ihr in den Rücken: „Los, gib Reni das Geld zurück!“ Da legt Clara den Kopf auf den Tisch und weint.

Nach dem Pausenzeichen blickt Herr Meinecke wie zufällig Clara an. „Wer mir etwas zu sagen hat, kann ins Lehrerzimmer kommen“, sagt er und verlässt den Raum.

Kaum ist Herr Meinecke draußen, umringen die Mädchen und Jungen Clara und reden auf sie ein. Clara hält es nicht mehr aus. Sie stößt die anderen beiseite und läuft aus der Klasse. In einer Ecke setzt sie sich hin und weint wütend. Sie weiß, sie ist wirklich nicht schön. Aber Bernd mit seinem feuerroten Haar auch nicht. Dürfen Jungen hässlich sein? Clara weiß, dass die anderen sie nicht leiden können, und deshalb macht ihr alles keinen Spaß mehr.

Da ist die Klingel zur letzten Stunde. Im Klassenzimmer schlägt ihr ein feindseliges Schweigen entgegen. Nur Michael sagt: „Die ist keine Ente, die ist eine Elster!“ Clara hofft, dass die Stunde nie vorübergeht. Sie hat Angst vor dem, was danach geschieht. Aber dann läutet es. Langsam schiebt sie Bücher und Hefte in ihre Tasche und zieht umständlich die Jacke an. Clara will, dass die anderen weg sind, wenn sie die Schule verlässt.
Doch die erwarten sie mit verkniffenen Gesichtern vor dem Schultor. Bernd droht: „Gib Reni die zehn Euro zurück oder es gibt Klassenkeile.“ „Ich habe Renis Geld ja gar nicht!“ Endlich kann Clara sich verteidigen. „Du lügst“, sagt Bernd. Und dann schlägt er Clara ins Gesicht.
Einen Augenblick lang ist Clara wie gelähmt, auch die anderen stehen betroffen da. „Rück das Geld raus, Ente!“, ruft Bernd. Da läuft Clara los. Die anderen verfolgen sie. Immer schneller werden sie, bis sie Clara erreicht haben. Sie umringen sie, und diesmal stoßen und schubsen auch die anderen.
Clara hält sich die Mappe vors Gesicht und rührt sich nicht.

„Wollt ihr wohl aufhören!“ Eine Frau zieht Bernd, Michael und Moni von Clara weg. „Die ist eine Diebin“, sagt Michaela. „Sie hat zehn Euro gestohlen.“ „Deshalb dürft ihr sie trotzdem nicht schlagen“, schimpft die Frau. „Sagt euren Eltern Bescheid, die werden wissen, was zu tun ist.“ Still lässt Clara ihre Mappe sinken und geht weiter. Es ist ihr egal, ob die anderen sie noch einmal einholen.

Und nun? Soll sie nach Hause gehen? Clara weiß, was die Mutter sagen wird: Es liegt an dir. Du allein bist schuld, wenn die anderen dich nicht mögen.

Am Marktplatz ist ein Kino, das bringt schon mittags den ersten Film. Als der Vorhang sich wieder schließt, ist es draußen schon dunkel. Langsam geht Clara die Straße entlang. In einem Schaufenster ist eine Puppenparade aufgebaut. Sie bleibt stehen.

„Warst du noch gar nicht zu Hause?“ Clara fährt herum: Bernd steht hinter ihr. Er ist allein, und wenn er allein ist, ist er ganz anders. Stumm schüttelt sie den Kopf. „Das mit Renis Geld“, sagt er, „das war ein Irrtum. Sie hat den Zehneuroschein einfach zu Hause vergessen.“ Bernd grinst. So war das also! Und nur weil Reni sich geirrt hatte … „Ihr seid gemein“, sagt Clara. Bernd wehrt sich nicht. „Reni war schon bei deiner Mutter“, sagt er. „Sie wollte sich bei dir entschuldigen. Wir waren blöd … Hat es sehr wehgetan?“, fragt Bernd verlegen. Clara schüttelt den Kopf. Bernd meint ja nur die Schläge.

Sie steht mit Bernd vor dem Haus und schweigt. Im Wohnzimmer brennt Licht. Clara kann es von der Straße aus sehen.
„Wir haben beschlossen, nicht mehr Ente zu dir zu sagen“, sagt Bernd leise. „Warum verspotten die anderen dich eigentlich nicht?“, fragt Clara. „Ich meine … wegen deiner roten Haare.“ „Das haben sie. Feuermelder haben sie zu mir gesagt. Aber sie haben es schnell wieder sein lassen“, grinst Bernd. „Und warum?“ „Ich hab sie verhauen.“ „Im Prügeln bist du stark, was?“, sagt Clara. Bernds Grinsen erlischt. „Vor den Starken haben sie Angst, die lachen sie nicht aus, nur auf den Schwachen hacken sie herum.“

Und Clara begreift: Bernd tut nur so stark, weil er Angst hat. Sie muss lachen. „Wenn die anderen uns jetzt sehen würden! ‚Die Ente und der Feuermelder‘ würden sie sagen.“
„Quatsch!“ Bernd wendet sich ärgerlich ab. Doch dann dreht er sich wieder um und lacht: „Die sollen sich selber ansehen, so schön sind sie auch nicht!“

Klaus Kordon

Gereimtes und Ungereimtes

Nicht mit den Wölfen heulen

Es lebte einst ein kleiner Wolf
in einem großen Wald
der heulte mit den Wölfen nicht
nicht am Tag
nicht in der Nacht
und traten sie nach ihm
und schimpften
und spuckten sie ihm ins Gesicht
er heulte mit den Wölfen nicht.

Versprachen sie ihm Löwenzahn
und schmeichelten sie ihm
die Wölfe kriegten ihn nicht rum
nicht am Tag
nicht in der Nacht
und traten sie nach ihm
und schimpften
und spuckten sie ihm ins Gesicht
er heulte mit den Wölfen nicht.

Der kleine Wolf im großen Wald
sang bald sein eignes Lied
sang's ohne Furcht und furchtbar laut
jeden Tag
und jede Nacht
und traten sie nach ihm
und schimpften
und spuckten sie ihm ins Gesicht
er heulte mit den Wölfen nicht.

Wilfrid Grote

Ausreden in der Schule

Anna:
Frau Lehrerin, ich kann nichts dafür.
Es war verflixt – glauben Sie mir:
Mein Wecker hat verschlafen!
Ich werde ihn bestrafen.

Paul:
Beim Warten auf die Straßenbahn
biss mich ein wilder Löwenzahn.
Das hat vielleicht wehgetan!
Deshalb bin ich später dran.

Ida:
An der Haltestelle vom Bus
trat mir ein Hydrant auf den Fuß.
Der Knöchel ist gleich angeschwollen.
Wie hätt ich schneller gehen sollen?

Peter:
Im Stadtpark flog mir ein Geier ins Ohr
und riss mich zwanzig Meter empor,
sodass ich beide Schuhe verlor.
Ich verspreche, es kommt nicht mehr vor!

Lehrerin:
Liebe Kinder, ich glaub euch zwar nicht.
Aber nun zum Sachunterricht.
Wer kann mir sagen: Wie groß und wie schwer
ist ein aufgebundener Bär?

Georg Bydlinski

Große Pause

Pausenzeichen
Buch zuklappen
Tür auf raus
und Jacke schnappen

Schlange stehen
Brezel kaufen
essen trinken
schreien laufen

Gummi twisten
spielen springen
schubsen ärgern
Streit beginnen

weinen lachen
Streit vergessen
Sachen tauschen
Kräfte messen

Pausenzeichen
rennen flitzen
rein ins Zimmer
stille sitzen

Siggi Gsell

Thomas überlegt

Thomas überlegt,
was er jetzt machen will.
Holt eine Münze.
Was soll das, fragt seine Mutter.
Wenn der Adler oben liegt,
gehe ich ins Kino,
wenn die Zahl oben ist
gehe ich zum Schwimmen,
und wenn die Münze auf dem Rand stehen bleibt,
mache ich Hausaufgaben,
erklärt Thomas.

Claudia Lehna

Herr Kratochwil kommt – fast – zu spät

Ich bin immer pünktlich in der Schule. Auch wenn mich ein Sturm fast vom Gehsteig weht oder es so stark regnet, dass ich auf einem Floß in die Schule fahren könnte. Sogar der lange Theo, mein Nachbar, kommt – meistens – rechtzeitig zum Unterricht. Obwohl er jeden Morgen vor dem Schaufenster mit dem Aquarium stehen bleibt und sich die Fische anschaut. Aber er schafft es, knapp vor dem Läuten in der Klasse zu sein. Dann warten wir. Wir warten auf unseren Lehrer. Denn Herr Kratochwil kommt immer – fast – zu spät. Beim letzten Ton der Schulglocke fliegt die Tür auf, er stürzt in die Klasse und ruft: „Aufstehen! Sitzen bleiben! Guten Morgen! Na also, da sind wir ja!“ Dann schaut er uns zufrieden an. Wir rufen: „Guten Morgen!“, und einer steht auf und macht die Tür zu. Dann freuen wir uns auf die Ausrede.

Herr Kratochwil steigt auf einen Stuhl. „Diese roten Socken!“, sagt er. „Könnt ihr euch das vorstellen? Wollten einfach nicht in diese Schuhe! War das ein Kampf!“

Oder er zeigt auf das Loch in seiner Jacke. „Ein Indianerpfeil!“, ruft er aufgeregt. „Zwei Indianer auf weißen Pferden. Ohne Sattel! Ich musste mich hinter einen Busch werfen. Ein Pfeil hat mich doch erwischt!“ Er holt einen abgebrochenen Indianerpfeil aus seiner Tasche. „Was hab ich denen bloß getan?“

Es kann auch vorkommen, dass Herr Kratochwil seine Tasche ausräumt und unzählige merkwürdige Dinge auf den Schreibtisch legt. „Schaut euch das an“, sagt er begeistert. „Das habe ich alles auf dem Weg hierher gefunden! Das braucht natürlich Zeit!“

Wir wissen nie so genau, was wir von Herrn Kratochwils Geschichten halten sollen. Er wohnt nur ein paar Gassen von der Schule entfernt. Ob man auf so einem kurzen Schulweg so viel erleben kann?

Einmal trug er einen Krug auf dem Kopf. Er ging besonders langsam und stolperte beinahe über eine Schultasche. Der Krug schaukelte gefährlich hin und her. „Geschafft!“, sagte er erleichtert, als er bei der Tafel war. Er nahm den Krug vom Kopf und goss daraus Wasser in ein Glas. „Hat jemand Durst?“ Niemand rührte sich. „So gehen Frauen und Männer in Afrika stundenlang zum nächsten Brunnen, um Wasser zu holen“, sagte Herr Kratochwil und zeigte auf den Krug. „Ganz schön schwierig! Das könnt ihr mir glauben!“ Wir nickten. Das hatten wir gesehen.

Eines Morgens sah es so aus, als würde Herr Kratochwil gar nicht kommen. Die Tür blieb zu. Auch nach dem Läuten. Da klopfte plötzlich jemand an die Fensterscheibe. Es war Herr Kratochwil. Er hing an einer Strickleiter und hatte eine kleine Katze im Arm. Wir öffneten rasch ein Fenster und halfen ihm ins Klassenzimmer. „Sie ist verletzt“, sagte er. „Armes kleines Kätzchen. Ich habe es beim Hergehen auf dem Dach gesehen. Da muss man doch etwas tun!“

Alle mögen den Herrn Kratochwil. Man kann ihm gut zuhören. Manchmal fürchten wir, dass Herr Kratochwil einmal viel zu spät kommt. Dass er den ganzen Unterricht versäumt und gar nicht mehr in der Schule auftaucht. Aber bisher hat er es noch jeden Tag geschafft. Immer in der letzten Sekunde.

Von uns kommt schon lange keiner mehr zu spät. Schließlich will niemand die Ausreden von Herrn Kratochwil versäumen.

Heinz Janisch

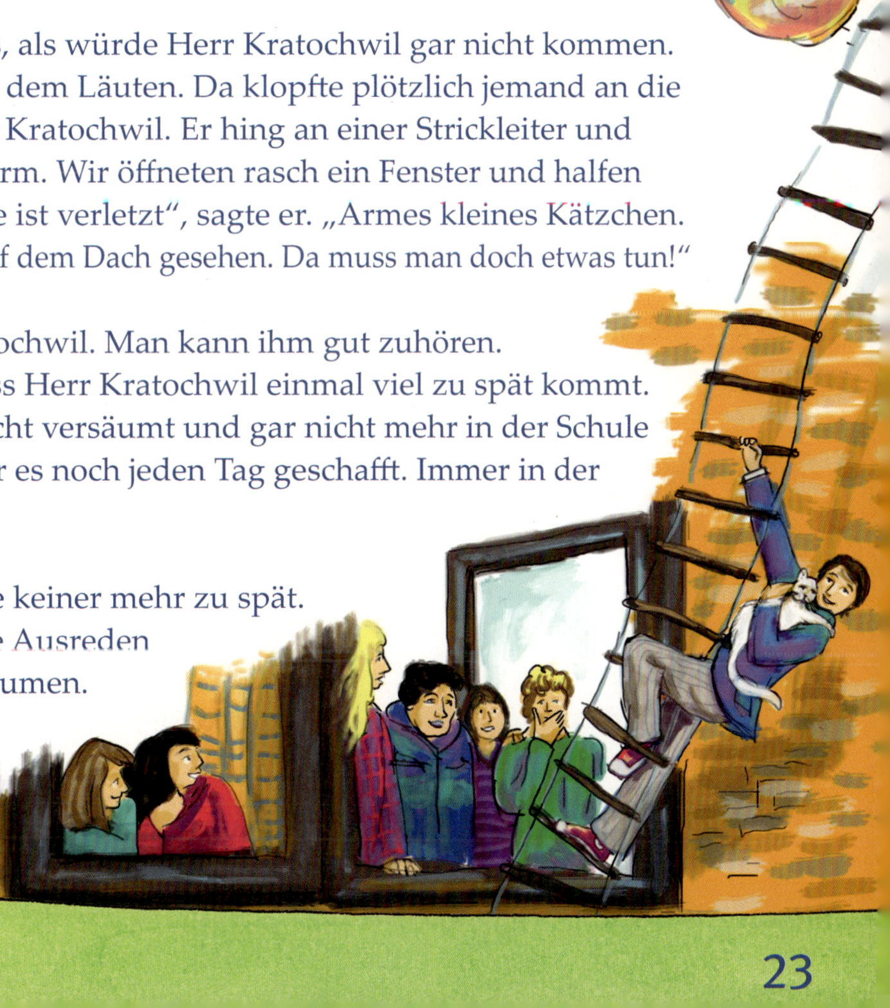

1. Schtefanie oder S-tefanie, S. 12/13

a) Vor dem Lesen: Stelle dir vor, deine Familie zieht in ein anderes Bundesland und du kommst in eine neue Klasse. Freust du dich? Hast du Bedenken?
b) Wie ergeht es Stefanie vor der Tür des Klassenzimmers?
… als sie die Mitschüler sprechen hört?
… als die Mitschüler lachen, wie sie ihren Namen sagt?
c) Wie verhält sich das Mädchen, das in der Nähe von Stefanie wohnt?
d) Stefanie schreibt am Abend einen Brief an Ingrid über ihren ersten Tag in der neuen Schule. Schreibe diesen Brief.

2. Hannes fehlt, S. 14/15

a) Warum haben die Mitschüler nicht bemerkt, dass Hannes fehlt?
b) Wer sucht nach Hannes?
c) Machen sich die Mitschüler Sorgen um Hannes? (Z. 28 – 42: Erst … dann …)
d) Wie zeigen die Mitschüler ihre Freude, dass Hannes wieder da ist?

3. Klassenkeile, S. 16–19

a) Vor dem Lesen: Was ist „Klassenkeile"? Was hältst du davon?
b) zu S. 16/17:
- Warum weint Renate?
- Wie fühlt sich Clara in der Klasse?
- Wer verdächtigt Clara?
- Was die Klasse mit Clara macht, nennt man Mobbing. Erkläre, was dabei geschieht.

c) zu S. 18/19:
- Warum geht Clara nicht nach Hause?
- Was erfährt Clara von Bernd und was verspricht er ihr?

d) Clara und Bernd denken am Abend noch lange über diesen Tag nach. Schreibe entweder Claras oder Bernds Gedanken auf.

4. Gereimtes und Ungereimtes, S. 20/21

Nicht mit den Wölfen heulen, S. 20

a) Vor dem Lesen: Was bedeutet die Redensart „mit den Wölfen heulen“?
b) Erzähle nach jeder Strophe, was geschieht.
c) Tragt das Gedicht zu dritt vor. Spielt mit der Stimme nach, was geschieht.

Ausreden in der Schule, S. 20

a) Welche Ausrede gefällt dir am besten? Welche findest du zu übertrieben?
b) Erkläre die Redensart „jemandem einen Bären aufbinden“ und beantworte die Frage der Lehrerin.
c) Schreibe eine weitere Ausrede, gereimt oder ungereimt.

Große Pause, S. 21

a) Verläuft bei euch die große Pause auch so? Vergleicht.
b) Lernt das Gedicht auswendig und tragt es wie einen Rap vor – allein, zu zweit oder zu dritt.

Thomas überlegt, S. 21

a) Woran erkennst du, dass Thomas nicht gern Hausaufgaben macht?
b) Überlegt Thomas wirklich, was er jetzt machen will?
c) Schreibe das Gedicht um und setze die Tätigkeiten ein, die du gern oder nicht so gern machst: am Wochenende, am Abend …

5. Herr Kratochwil kommt – fast – zu spät, S. 22/23

a) Warum kommen alle Schüler rechtzeitig zum Unterricht?
b) Welche Ausreden hat der Lehrer?
c) Welche Geschichte gefällt dir am besten? Warum?
d) Herr Kratochwil macht mit seinen Ausreden auch auf allgemeine Probleme aufmerksam, zum Beispiel auf Umweltverschmutzung – Wassermangel in Afrika – Tierschutz. Mit welchen Ausreden tut er das?

Prometheus

Über Griechenlands Himmel und Erde herrschte einst Zeus, der mächtigste aller Götter. Er hatte seine Verwandten, die Titanen, besiegt und vom Gottesthron gestoßen.

Zeus wählte den höchsten Berg in Griechenland, den Olymp, zu seinem Sitz. Die anderen Götter folgten ihm dahin. Die Erde unten war für sie nicht interessant. Es gab dort nur Pflanzen und Tiere, die so vor sich hin lebten.

Prometheus, ein Titanen-Sohn, sah das anders. „Auf der Erde fehlen Lebewesen, die Verstand haben, ähnlich wie die Götter“, dachte er für sich. „Lebewesen, die sich über die Natur freuen, sich darum kümmern und sie gestalten.“ Ohne Zeus zu fragen, ging Prometheus ans Werk und erschuf solche Lebewesen – die Menschen. Er formte sie aus Lehm nach dem Ebenbild der Götter. Von den Tieren nahm er gute und böse Eigenschaften – zum Beispiel die Klugheit vom Hund, den Mut vom Löwen, aber auch die List vom Fuchs und die Wildheit vom Stier. Die vermischte er und gab jedem Menschen davon. Zum Schluss half ihm seine Freundin Athene, die Göttin der Weisheit. Sie hauchte den Menschen Leben und Verstand ein.

Prometheus war sehr stolz auf seine Geschöpfe und zeigte ihnen alles, was sie für ein gutes Leben brauchten. Eines jedoch fehlte: das Feuer. Die Menschen froren und mussten rohes Fleisch essen wie Tiere. Nur Zeus konnte ihnen das Feuer geben. Prometheus sah ihre Not und bat den Göttervater darum. Der aber lehnte die Bitte strikt ab. Das Feuer sollte weiterhin nur den Göttern gehören.

Prometheus, der Menschenfreund, gab nicht auf. Er besorgte sich einen langen Fackelstab und wartete auf den funkensprühenden Sonnenwagen, mit dem der Sonnengott täglich über den Himmel fuhr. In einem unbeobachteten Moment entzündete er die Fackel daran und brachte das gestohlene Feuer sofort hinunter auf die Erde. Welch eine Freude unter den Menschen!

Bald sah Zeus überall auf der Erde Feuerstellen. Es loderten die Flammen, es knisterte das Holz. Die Menschen wärmten sich, brieten ihr Fleisch und freuten sich in der Dunkelheit über den hellen Schein des Feuers. Durch die Hilfe ihres Freundes Prometheus hatten sie nun wirklich alles, was sie zu einem unbeschwerten Leben brauchten.

Zeus war wütend! Den Raub des Feuers konnte er nicht mehr rückgängig machen. Aber es durfte nicht sein, dass die Menschen mit dem Besitz des Feuers schon fast so lebten wie die Götter! Zeus schickte ihnen Krankheiten, Nöte und Plagen, die ihr bisher leichtes Leben mühevoll machten. Ihren Feuerbringer Prometheus ließ er fangen und mit eisernen Ketten an einen Felsen im Gebirge Kaukasus schmieden. Dort sollte er für alle Zeit ohne Nahrung und unter Qualen für seinen Frevel büßen. Ein Adler flog täglich heran und fraß von seiner Leber, die sich immer wieder erneuerte. Nach vielen Jahren kam Herakles, selbst ein Gott und Sohn des Zeus, an diesen Ort. Der Held hatte Mitleid. Er erlegte den Adler mit seinem Pfeil und befreite den leidenden Prometheus.

Die Menschen im alten Griechenland, denen Prometheus das Feuer gebrachte hatte, vergaßen ihren Wohltäter nie und feierten ihm zu Ehren jedes Jahr ein großes Fest.

Der Stein der Weisen

Seit Urzeiten denken die Menschen über die Entstehung der Welt nach. Zuerst erzählten die Priester Geschichten über die Entstehung der Welt. Nach Erfindung der Schrift wurden diese Erzählungen aufgeschrieben. In der Bibel steht eine solche Geschichte. Sie ist etwa 3000 Jahre alt und erzählt, wie Gott die ganze Erde und den Menschen in sieben Tagen erschaffen hat.

Aber woraus besteht nun diese Erde mit ihren Gebirgen, Meeren, Stürmen und feurigen Vulkanen? Darüber haben sich Philosophen Gedanken gemacht. Philosophen sind Menschen, die über das Leben und die Welt nachdenken. Vor 2300 Jahren erklärte der berühmte griechische Philosoph Aristoteles, dass alles in der Welt aus vier Elementen zusammengesetzt ist: dem Feuer, dem Wasser, der Erde und der Luft. An diese Vier-Elemente-Lehre glaubten die Menschen etwa 2000 Jahre lang.

Vor ungefähr 800 Jahren begannen Gelehrte, die man Alchemisten nannte, die verschiedenen Stoffe genauer zu untersuchen. Es genügte ihnen nicht mehr, über die Natur nur nachzudenken. Sie führten Versuche in einem Labor durch, indem sie Material erhitzten, verflüssigten oder verdampften. Ihr Ziel war es, den „Stein der Weisen“ zu finden – ein geheimnisvolles Pulver, mit dessen Hilfe man die Umwandlung eines Stoffes in einen anderen bewirken kann. Die Ärzte hofften, damit ein Allheilmittel gegen Krankheiten zu gewinnen. Andere wollten so das wertvolle Gold aus billigem Blei herstellen. Der „Stein der Weisen“ wurde nicht gefunden. Es gelang auch nicht, Gold herzustellen. Aber man lernte immer mehr über die Natur der Stoffe.

Vor 250 Jahren begann das Zeitalter der modernen Chemie, denn Wissenschaftler hatten ein wichtiges Experiment durchgeführt. Wasserdampf wurde durch ein glühendes Eisenrohr geleitet und der Sauerstoff aus dem Wasser verband sich mit dem glühenden Eisen im Inneren des Rohrs zu Rost. Das jetzt frei werdende Wasserstoffgas konnte man in einer Schweineblase auffangen.

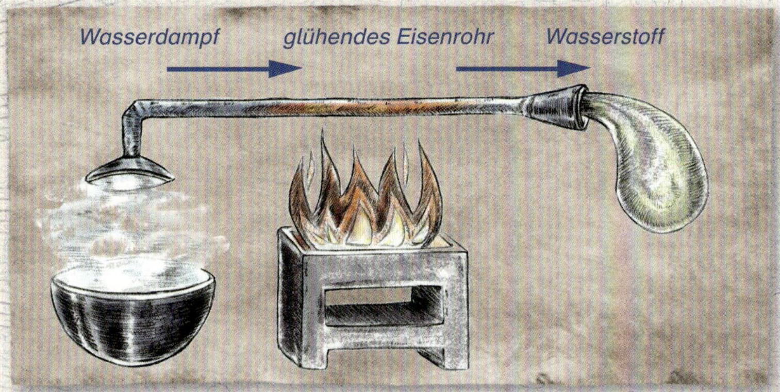

Durch die neu entstandenen Stoffe Rost und Wasserstoff konnte nachgewiesen werden, dass Wasser offensichtlich aus den zwei Elementen Sauerstoff und Wasserstoff besteht. Damit war bewiesen, dass Wasser kein Grundelement ist, wie man seit Aristoteles' Zeiten gedacht hatte. Die Vier-Elemente-Lehre war also falsch.

Heute lernen die Schüler im Chemieunterricht die Elemente – es sind über 100 – genauer kennen. Vielleicht hast du schon einmal im Chemieraum oder in Zeitschriften eine Tabelle der Elemente gesehen.

Johann Friedrich Böttger und das „weiße Gold“

Johann wurde 1682 in Schleiz in Sachsen geboren. Sein Vater sorgte für eine vielseitige Ausbildung des talentierten Jungen. Mit vierzehn Jahren begann er eine Lehre bei einem bekannten Berliner Apotheker. Der junge Lehrling zeichnete sich durch Fleiß, Wissbegier und Einfallsreichtum aus. Vor allem fiel seine Begabung für Chemie auf. Wie es damals viele taten, so träumte auch er davon, eines Tages Gold herzustellen. Mehr jedoch als mit der Herstellung von Arzneien beschäftigte sich Johann Böttger mit der Alchemie, der Lehre von der Herstellung des „Steins der Weisen“. Heimlich schlich der junge Mann nachts in das Apothekenlabor, um zu experimentieren. Wie es damals viele taten, so träumte auch er davon, eines Tages Gold herzustellen. Sein Lehrmeister hielt nicht viel von der Goldmacherei, denn viele Betrüger in dieser „Kunst“ endeten am Galgen. Er forderte seinen Lehrling zu einer öffentlichen Probe seines Könnens auf. Böttger gelang es, die Umwandlung von 15 silbernen Groschen in goldene vorzutäuschen. Rasch verbreitete sich die sensationelle Neuigkeit, dass ein Apothekerlehrling in Berlin Gold herstellen konnte. Da der König von Preußen unter ständiger Geldnot litt, wollte er Böttger für sich arbeiten lassen. Um nicht als Betrüger entlarvt zu werden, floh Böttger nach Wittenberg in Sachsen. Dort wollte er Medizin studieren. Aber es wurde nichts daraus. August der Starke, Kurfürst von Sachsen und König von Polen, ebenfalls in Geldnöten, nahm ihn gefangen und ließ ihn nach Dresden bringen. Unter den Augen eines Ministers musste Johann Böttger sein Experiment wiederholen – und wieder gelang die trickreiche Täuschung. Nun befand sich der „Goldjunge“, der doch gar kein Gold herzustellen vermochte, in einer schwierigen Lage. Mit dem Mut der Verzweiflung versprach er dem Fürsten, tonnenweise Gold anzufertigen. Er erhielt ein Laboratorium und einen weiteren Fachmann als Gehilfen.

Dieser hatte sich schon seit Jahren mit der Erforschung eines anderen Geheimnisses befasst, nämlich der Porzellanherstellung. Die Fürstenhöfe Europas kauften für ihre Festtafeln das teure Porzellan aus China. So ergab sich für Johann Böttger ein neues Forschungsziel und es sollte seine Rettung bedeuten. Nach vielen Versuchen konnte er dem sächsischen Kurfürsten das erste eigene Porzellan präsentieren.

August der Starke war begeistert und wollte in großem Stil Porzellan herstellen lassen. Böttger übernahm die Leitung der Porzellanmanufaktur in Meißen. Er war nun wieder ein freier Mann, durfte Sachsen aber nicht verlassen und die Rezeptur des „weißen Goldes“ nicht verraten. Durch den Verkauf des Porzellans an die anderen Fürstenhöfe machte der Kurfürst große Gewinne. Der Traum vom wirklichen Gold war jedoch noch nicht ausgeträumt. In einem neuen Vertrag versprach Böttger, bis 1719 alles vorzubereiten, damit das wertvolle Metall hergestellt werden konnte. Doch dazu kam es nicht mehr. Durch das jahrelange Hantieren am Brennofen und den ständigen Umgang mit giftigen Dämpfen erkrankte Johann Böttger. Er starb 1719 im Alter von 37 Jahren.

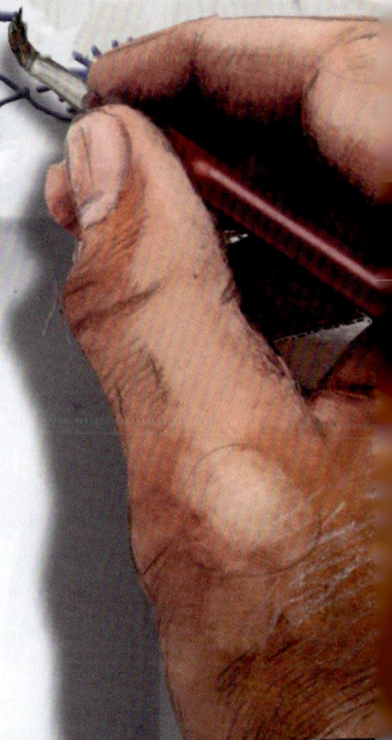

„Porzellan“ kommt von ital. „porcellana“ = „weiße Meeresmuschel“

Das Porzellan wurde vor etwa 1300 Jahren in China erfunden. Einige Jahrhunderte später kamen erste Stücke von chinesischem Porzellan nach Europa. Die Herstellung aber blieb das Geheimnis der Chinesen. Porzellan, auch „weißes Gold“ genannt, war an allen Königs- und Fürstenhöfen ein begehrter Luxusgegenstand.

Feuer – Naturgewalt aus der Tiefe der Erde

Der Vesuv ist ein Vulkan in Italien. Die Touristen, die nach Neapel reisen, besuchen nicht nur den Vesuv, sondern auch die freigelegten Ruinen der alten Römerstadt Pompeji in seiner Nähe. Sie werden durch das Gewirr der Straßen geführt und erfahren, wie die Menschen hier früher gelebt haben – vor dem großen Vulkanausbruch. Was war geschehen? Es begann im Jahr 79 n. Chr., am 24. August, 10 Uhr früh.

Auf den vielen Straßen von Pompeji herrscht geschäftiges Treiben. Auf dem großen Marktplatz haben Gemüsehändler ihre Stände aufgebaut. Aber etwas scheint in der Luft zu liegen. Die Tiere sind unruhiger als sonst. Ein Hund bellt grundlos. Ein Esel wirft den Karren um, den er ziehen soll. Tauben flattern aufgeregt in den Käfigen. Am Hang des Vesuvs entdeckt ein Bauer eine merkwürdige Wölbung im Boden. Als auch noch die Erde unter seinen Füßen zu beben beginnt, läuft er erschrocken in die Stadt hinunter. Noch lässt sich niemand von seiner Beobachtung beunruhigen.
Aber eine Stunde später, etwa um die Mittagszeit, wird die Stadt von einer ohrenbetäubenden Explosion erschüttert. Alle laufen aus den Häusern und starren gebannt zum Vesuv. Aus dem Gipfel des Berges schießt eine gewaltige schwarze Rauchsäule in den Himmel. Niemand hat gedacht, dass der Berg Vesuv ein Vulkan ist. Einige ältere Einwohner erinnern sich an das letzte Erdbeben vor 17 Jahren und haben Angst um ihre Häuser und ihren Besitz. Kurze Zeit später treibt der warme Wind die Aschewolke genau auf die Stadt zu. Kleine Bimssteinbrocken regnen auf die Straßen. Die Menschen schützen sicherheitshalber ihren Kopf. Kinder schlittern über die rutschigen Gehwege.

Der Vulkanausbruch wird heftiger. Der Rauchpilz türmt sich immer mächtiger auf. Blitze zucken durch die große Wolke und verstärken das Grollen. Fast einen ganzen Tag dauert der Regen aus Asche und Bimssteinen. Der Boden ist jetzt schon einen Meter hoch bedeckt. Viele Dächer sind unter der Last eingestürzt. Panik bricht aus.

Die Leute binden sich Kissen auf den Kopf, um sich vor herabfallenden Felsbrocken zu schützen und flüchten aus der Stadt zum Meer hin. Wagen und Karren versinken mit den Rädern in der Asche und werden zurückgelassen. Ein vergessener Hund zerrt verzweifelt an der Kette. Der Wachtposten vor dem Tempel wagt nicht, sich von seinem Platz ohne Befehl zu enfernen. Einige Bewohner haben Angst, die Stadt zu verlassen und beten im Tempel, dass die Katastrophe bald ein Ende hat.

Am nächsten Tag ist die Sonne nicht zu sehen. Dann erschüttert eine weitere Explosion die ganze Gegend. Der Vulkan spuckt eine glühend heiße Wolke aus. Sie wälzt sich wie eine Lawine den Hang herab, gerade auf Pompeji zu. Die wenigen Menschen, die noch da sind, werden von der heißen Luft zu Boden gerissen. Die Druckwelle bringt die Säulen des Tempels zum Einsturz. Eine riesige Walze aus heißer Asche, Gas und Gesteinsbrocken rast über die Stadt hinweg.

Pompeji ist zerstört. Wo früher eine Stadt mit 20 000 Menschen war, ist nun nichts als tote Aschewüste.

Waris Dirie

Ich war ein Hirtenmädchen

Waris Dirie, geboren 1965, floh im Alter von 13 Jahren aus ihrer Heimat Somalia in Ostafrika. Heute lebt sie in Österreich. In ihrem Buch „Wüstenblume“ beschreibt sie ihr Leben. Sie erzählt darin auch von ihrer Kindheit als Hirtenmädchen und von der täglichen Suche nach Wasser in diesem trockenen afrikanischen Land.

Die Familien in Somalia sind kinderreich und jedes Kind hat seine kleinere oder größere Aufgabe und Arbeit. Der Alltag wird leichter, je mehr Menschen sich die Arbeit teilen. Kinder hüten zum Beispiel die Ziegenherde, das ist eine wichtige Aufgabe. Viel wichtiger jedoch ist es, Wasserquellen zu finden. Das Leben der Menschen und der Tiere hängt davon ab und die Suche nach Wasser ist harte Arbeit.

Waris Dirie erzählt

Wenn die Gegend um uns herum austrocknete, ging mein Vater auf die Suche nach trinkbarem Wasser für uns. Er band riesige Beutel, die unsere Mutter aus Gras geflochten hatte, auf die Kamele. Dann brach er auf und blieb oft tagelang fort, bis er auf Wasser stieß. Mit gefüllten Beuteln kehrte er zu uns zurück. Zwar versuchten wir, an dem Lagerplatz, von dem er ausgeritten war, so lange zu bleiben, bis er wiederkam. Aber das wurde immer schwieriger, je länger er wegblieb. Denn wir mussten jeden Tag kilometerlange Wege zurücklegen, um die Herden zu tränken. Manchmal zogen wir auch ohne ihn weiter, aber er fand uns immer, obwohl es weder Straßen noch Wegweiser oder Landkarten gab.
Wenn mein Vater nicht da war, weil er in einem weit entfernten Dorf Lebensmittel besorgte, musste eines der Kinder seine Aufgabe übernehmen und auf Wassersuche gehen.

Ich wanderte tagelang umher, bis ich irgendwann Wasser fand, denn ohne Wasser durfte ich nicht zurückkehren. Wenn meine Mutter mir auftrug, Wasser zu finden, hatte ich welches zu finden. Ich durfte nicht mit leeren Händen heimkommen, denn Wasser war lebensnotwendig. Ich musste so lange weitersuchen, bis ich etwas fand.
Als ich nach Europa kam, wunderte ich mich immer, wenn jemand klagte: „Ich kann nicht arbeiten, ich habe solche Kopfschmerzen.“ Am liebsten hätte ich darauf geantwortet: „Du solltest einmal in Somalia auf Wassersuche gehen, dann wirst du dich nie wieder über deine Aufgabe hier beschweren.“

nach Waris Dirie

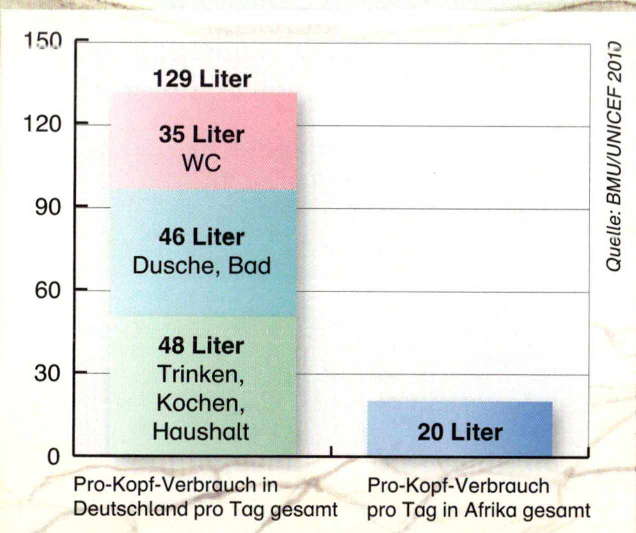

Vor mehreren tausend Jahren lernten die Menschen, die Kraft des Windes für sich zu gebrauchen. Der Wind war Antrieb für Flöße, Boote und Schiffe. Sie waren mit Segeln ausgerüstet und fuhren auf Flüssen, auf Seen und auf dem Meer.

Vor etwa 1 000 Jahren begann man, die Kraft des Windes auch „über Land“ einzufangen. In ebenen Gebieten, z. B. in Norddeutschland oder Holland, wurden Windmühlen gebaut. Händler hatten sie auf ihren Reisen in die Mittelmeerländer kennengelernt und davon erzählt. Windmühlen als „Antriebsmaschinen“ wurden vielfältig eingesetzt: zum Mahlen von Getreide, zum Pumpen von Wasser, zum Bohren und Sägen von Holz, zum Hämmern und Schmieden von Eisen und zum Schleifen von Schwertern und Messern. In der holländischen Stadt Amsterdam drehten sich vor 300 Jahren ungefähr 500 Windmühlenräder.

Vor 200 Jahren wurde die Dampfmaschine erfunden. Damit begann ein großes „Mühlensterben“. Dampfmaschinen, die mit Kohle beheizt wurden, ersetzten die Windräder. Die durch Dampf erzeugte Kraft war viel stärker und unabhängig von der Laune des Windes.
Es gab immer weniger kleine Mühlenbetriebe, stattdessen entstanden Fabriken. Dampfschiffe ersetzten die großen Segelschiffe, Züge mit Dampflokomotiven wurden zum wichtigsten Verkehrsmittel auf langen Strecken.

Das Verschwinden der Windmühlen veränderte die Landschaft.
„Die Gegend wird so kahl“, bedauert ein Mann im Jahr 1913, denn nur vier von einst zehn Mühlen in seiner Gegend standen noch.
Das Bild der Städte war beherrscht von den hohen, qualmenden Schornsteinen der Fabriken.

Bedeutete das Verschwinden der Windmühlen auch das Aus für die Nutzung der Windkraft?

Lange Zeit schien es so zu sein. Der elektrische Strom, den man für Fabriken und Haushalte brauchte, wurde in Kraftwerken mit den Brennstoffen Kohle, Erdgas und vor allem Erdöl erzeugt. Mit den neuen Antriebsmitteln ergaben sich aber auch neue Probleme: Die Abgase schädigen die Umwelt. Der Transport von Erdöl ist teuer. Unfälle von Erdöltankern und Ölplattformen verschmutzen das Meer und gefährden Meerespflanzen und Meerestiere – eine wichtige Nahrungsquelle für die Menschheit. Außerdem zeigte sich vor etwa 40 Jahren, dass Erdöl nicht unbegrenzt zur Verfügung steht. Weltweit wurden andere Möglichkeiten der Energieerzeugung gesucht. Damit begann eine neue Zeit für die Windräder. Der Wind wurde nun nicht mehr zum Mahlen von Mehl, sondern zur Stromerzeugung genutzt.

Es wurden auch viele Atomkraftwerke gebaut. Man unterschätzte die Gefahr, dass es zu einem katastrophalen Unfall kommen könnte.

Können Windkraftanlagen genug Strom erzeugen?

Im Jahr 2009 kam eine Untersuchung der berühmten Harvard-Universität in den USA zu dem Schluss, dass die Windenergie bei weitem ausreichen würde, um alle Menschen der Welt mit Strom zu versorgen. Außerdem wird Wind nicht knapp: Er war schon immer da und kann nicht „verbraucht" werden. Allerdings müssen Stromspeicher und Stromleitungen gebaut werden, damit die Energie von den windreichen zu den windarmen Gegenden transportiert werden kann.

Sind Windräder gefährlich?

Windkraftanlagen sind ungefährlich. Windräder können durch Blitzschlag oder durch Orkane beschädigt werden. Teile können herabstürzen. Doch das kommt sehr selten vor. Da sie auf freiem Feld oder im Meer stehen, wird dadurch niemand verletzt. Große Vögel fliegen sehr selten in den Rotor einer Windkraftanlage, viel seltener als zum Beispiel in Leitungen von Strommasten.

Stören Windräder in der Landschaft?

Windräder sind sehr hohe Bauwerke. Sie verändern das Bild einer Landschaft, wie es auch Fabriken, Hochhäuser oder Straßen getan haben. Auch wenn einem Windräder nicht gefallen, kann man durch sie doch Strom erzeugen, ohne der Umwelt zu schaden, denn es entsteht kein Müll bei der Stromgewinnung.

Sind Windräder laut?

Windkraftanlagen verursachen Geräusche. Aber ein Gesetz regelt, wie weit ein Windrad von Häusern entfernt sein muss, damit die Geräusche nicht stören. Tiere gewöhnen sich sehr rasch daran. Rehe und Hasen halten sich schon nach kurzer Zeit wieder in unmittelbarer Nähe auf.

Wie funktioniert eine Windkraftanlage?

Der Wind versetzt die Flügel eines Windrades in Drehung. Mit der Achse des Rades ist ein Generator verbunden, der genau wie ein Dynamo am Fahrrad Strom erzeugt – aber sehr viel mehr! Die Windräder werden wie ehemals die Windmühlen zum Wind hin gedreht. Das besorgt aber nicht mehr der „Windmüller“, sondern eine automatische Steuerung per Computer. Ist die Windgeschwindigkeit zu hoch, schaltet der Computer das Windrad ab, damit es nicht beschädigt wird.

Elektrizität aus Windkraft

Die Straßenlaternen und das Licht im Zimmer, der Herd in der Küche, die Waschmaschine im Keller, der Fernseher und der Computer im Wohnzimmer, die Maschinen in den Fabriken, die Geräte im Krankenhaus – sie alle brauchen elektrischen Strom. Unsere moderne Welt kommt zum Stillstand, wenn er einmal ausfällt.

Eine scherzhafte Redewendung lautet: „Der Strom kommt aus der Steckdose." So einfach ist es natürlich nicht. Woher kommt also der Strom?

In Deutschland gibt es große „Stromfabriken", die den Strom in Kraftwerken gewinnen und ihn über Leitungen zu ihren Kunden schicken. In einem Kraftwerk wird Wasser erhitzt. Der entstehende Wasserdampf treibt Turbinen an, die dann Strom erzeugen.

Zum Erhitzen des Wassers wird Kohle, Öl oder Gas verwendet – je nach dem Brennstoff gibt es Kohle-, Öl- oder Gaskraftwerke. Bei der Verbrennung der Stoffe entstehen Abgase, die schädlich für die Umwelt sind.

In Atomkraftwerken heizen radioaktive Brennstäbe das Wasser auf. Wenn ihre Heizkraft erloschen ist, geht von ihnen immer noch tödliche Strahlung aus. Sie müssen in tiefe Erdhöhlen transportiert und dort sehr lange gelagert werden.

Im Jahr 2011 setzten verheerende Explosionen im Atomkraftwerk Fukushima, Japan, gefährliche radioaktive Strahlung frei. Große Gebiete wurden verseucht.

Viele Menschen und auch die Politiker in Deutschland sind dafür, die Atomkraftwerke so schnell wie möglich abzuschalten. Der Wind und die Sonne sollen in Zukunft unsere Energiequellen sein.

Feuer, Wasser, Erde, Luft – mit Texten umgehen

1. Prometheus, S. 26/27

a) Nach dem Sieg über die Titanen wählt Zeus einen neuen Ort für seinen Thron. Wo liegt dieser Ort? Wie wird er genannt?
b) Wie erschafft Prometheus nach dieser Sage die Menschen?
c) Das Feuer soll nach dem Willen des Zeus nur den Göttern gehören. Wie bestraft Zeus die Menschen, wie bestraft er Prometheus?

2. Der Stein der Weisen, S. 28/29

a) Ordne *„Alchemist", „Philosoph", „Priester", „Wissenschaftler"* den Abschnitten zu.
Zeile 1 – 9; Zeile 10 – 21; Zeile 22 – 34; Zeile 35 – 47
b) Womit beschäftigen sie sich jeweils?
c) Welche Wirkung wird dem *„Stein der Weisen"* zugesprochen?

3. Johann Friedrich Böttger und das „weiße Gold", S. 30/31

a) Friedrich Böttger ging bei einem Apotheker in die Lehre. Wovon träumte er?
b) Warum hielt sein Lehrmeister nicht viel von der Goldmacherei?
c) Könige und Fürsten hofften durch Goldmacherei reich zu werden. Wer nahm Böttger in seinen Dienst?
d) Durch welche Erfindung konnte Böttger die Erwartungen des Kurfürsten erfüllen?
e) Erkläre den Begriff „weißes Gold".
f) Informiere dich im Internet über die Porzellanherstellung in Meißen.

4. Feuer – Naturgewalt aus der Tiefe der Erde, S. 32/33

a) Der Vesuv ist einer der berühmtesten Vulkane der Erde. Welche Anzeichen werden von den Menschen vor dem Ausbruch im Jahr 79 n. Chr. nicht beachtet?

b) Wie erfolgt der Ausbruch? Beschreibe der Reihe nach.

c) Informiere dich im Internet über die Ausgrabungen in Pompeji.

5. Waris Dirie: Ich war ein Hirtenmädchen, S. 34/35

a) Somalia ist eines der ärmsten Länder Afrikas. Welche Aufgaben müssen die Kinder der Nomaden übernehmen?

b) Erläutere die Tabelle.

c) Informiere dich im Internet über Waris Dirie und das Land Somalia.

6. Die Kraft des Windes, S. 36 – 39

Finde Überschriften zu den einzelnen Abschnitten:

a) Zeile 1 – 3; Zeile 4 – 11; Zeile 12 – 18; Zeile 19 – 23;

b) Beantworte die fettgedruckten Fragen auf Seite 37 und 38. Schreibe einen Stichwortzettel und halte einen Vortrag vor der Klasse.

*Zur Information: Bosko kommt aus dem ehemaligen Jugoslawien.
Es ist heute aufgeteilt in mehrere Länder: Slowenien, Kroatien und andere.*

Bosko stand hinter dem Tor des Jungen in dem grünen T-Shirt, sah, wie die Jungen vom Hang das Tor des Grünen berannten, wie die verteidigenden Jungen aus der Reutergasse die Lust verloren und sich schließlich ganz auf ihren Torwart verließen. Und der Grüne hielt jeden Ball – bis er kurz vor Spielende doch einen passieren lassen musste. Dann war das Spiel vorüber. „Du – gut!", sagte Bosko. Er war noch nicht lange in Deutschland und kannte nicht viele Wörter der fremden Sprache.
Der Grüne sah auf, bemerkte Boskos dunkles Haar, seine dunklen Augen. „Türke?", fragte er. Bosko schüttelte den Kopf und lächelte.
„Grieche?" „Jugoslawe." „Ach so! Jugo." „Ich – Bosko!" Bosko tippte sich vor die Brust. Doch der Torwart hörte nicht mehr zu, sondern schimpfte mit seiner Mannschaft. „Ihr Flaschen lasst euch von den anderen das Spiel aufzwingen", sagte er.
Bosko verstand nicht alles, aber er hatte gesehen, dass der Mannschaft aus der Reutergasse ein Stürmer fehlte! Bosko hatte schon immer als Stürmer gespielt und seit kurzem wohnte er ebenfalls in der Reutergasse. Aber das wussten die Jungen nicht. Sie verließen die Wiese. Bosko folgte langsam.

„Hallo Jugo!" Gerd grinste Bosko zu, der nun schon des Öfteren zugesehen hatte, wenn die Jungen Fußball spielten.
„Guten Tag, Gerd!" Bosko bemühte sich, korrekt zu sprechen. Er freute sich darüber, dass Gerd ihn zuerst angesprochen hatte.

Meistens trainierten die Jungen nur. Flog der Ball am Tor vorbei, kickte Bosko ihn zurück. Doch die Jungen bemerkten nicht, wie zielsicher er schoss …

Sie trainierten für das Revanchespiel gegen die Mannschaft der Jungen vom Hang.

Bosko wünschte ihnen, dass sie dieses Spiel gewannen. Er war ja auch aus der Reutergasse. Viel lieber aber hätte er selbst mitgespielt. Doch darum zu bitten, wagte er nicht.

Bosko sah vom Küchenfenster aus zu, wie die Jungen sich vor dem Spiel auf der Wiese versammelten. Da durchfuhr ihn ein freudiger Schreck:

Die aus der Reutergasse waren nur zehn; Manni, der Verteidiger fehlte.

Rasch zog er seine Fußballschuhe an. Vielleicht ließen ihn die Jungen heute mitspielen …

„Spielen wir eben mit zehn Mann“, sagte Gerd, der Kapitän der Mannschaft, gerade als Bosko herankam.

„Ich – spielen.“ Bosko spürte, wie er rot wurde.

„Wer ist das?“, fragten die Jungen vom Hang misstrauisch.

„Das ist Jugo“, erklärte Gerd.

„Die Jugos sind gute Fußballer“, warnte einer der Jungen vom Hang. „Wohnt der überhaupt in der Reutergasse?“

Die Jungen aus der Reutergasse wussten es nicht.

Bosko hätte weinen mögen; wie konnten sie nicht wissen, dass er in ihrer Straße wohnte!

„Er wohnt in der 21“, sagte da ein Junge. „Lassen wir ihn mitspielen, dann sind wir wenigstens elf.“

Das Spiel war aus. Die Jungen aus der Reutergasse hatten gesiegt. „Das habt ihr nur eurem Jugo zu verdanken“, ärgerten sich die Jungen vom Hang. „Wir wollen Revanche.“ „Könnt ihr haben!“ Gerd grinste Bosko zu. „So einen wie dich können wir gebrauchen.“ Bosko strahlte. Zwei Tore hatte er geschossen! „Fußball spielen können die Jugos“, sagte Peer, der Mittelstürmer, „aber sonst?“ Er machte eine wegwerfende Handbewegung.

Die Ferien waren vorüber. Bosko stand allein auf dem Schulhof. Die Jungen, die er vom Fußballspielen kannte, hatten kein Wort mit ihm gesprochen. Aischa, das Mädchen aus der Türkei, das auch in Boskos Klasse ging, gab sich Mühe, ihm besseres Deutsch beizubringen. Aischa war schon lange in Deutschland. „Wir leben nun einmal hier“, sagte sie. „Da müssen wir uns auch bemühen, Deutsch zu sprechen.“

Nach einer Woche taten die Jungen aus der Fußballmannschaft immer noch so, als sei Bosko ein Fremder, nur beim Fußballspielen waren sie wie ausgewechselt. Da lobten sie seine Schüsse, seine Laufarbeit … Bosko war unglücklich und erzählte Aischa von seinem Problem. Aischa war entrüstet. „Die Deutschen reden kein Wort mit dir, obwohl du mit ihnen spielst? Geh nicht wieder hin“, riet sie. „Sollen sie doch ihre Spiele verlieren!“
„Das kann ich nicht“, erwiderte Bosko. „Wir sind eine Mannschaft und sie sind meine Freunde.“ „Eine Mannschaft vielleicht“, entgegnete Aischa, „aber keine Freunde!“

„Morgen wollen die vom Hang Revanche“, sagte Gerd nach dem Training.

Die Jungen grinsten: „Die sollen nur kommen.“

Bosko senkte den Kopf. „Warum redet ihr in der Schule nicht mit mir?“, fragte er.

Die Jungen waren überrascht und sahen Bosko nicht an.

Nur Peer hob den Blick: „Weil du ein Jugo bist.“

„Quatsch!“, rief Gerd. „Wir spielen zusammen Fußball, alles andere interessiert mich nicht.“

Bosko saß auf dem Fensterbrett und wartete. Er war zu Gerd gegangen und hatte gesagt, er würde nur mitspielen, wenn die Jungen auch in der Schule seine Freunde wären. Die Jungen könnten ihn holen, wenn sie ihn zum Freund haben wollten.

Bosko sah, wie die Jungen mit Peer stritten, aber sie holten ihn nicht.

Er verließ das Fensterbrett mit Tränen in den Augen.

Am nächsten Tag fiel Bosko der Weg zur Schule besonders schwer.

Gerd war der erste der Jungen aus der Mannschaft, der nach Bosko die Klasse betrat. „Wir haben gewonnen“, freute er sich und kam zu Bosko herüber.

„Sehr gut!“, erwiderte Bosko. Doch er konnte sich nicht mitfreuen, denn die Jungen würden ihn nun nicht mehr benötigen.

Gerd setzte sich auf Boskos Tisch. „Wir haben abgestimmt“, fuhr er fort, „die Mehrzahl will, dass du in der Mannschaft bleibst.“

Bosko hatte gesiegt. Er freute sich so sehr, dass er nicht sitzen bleiben konnte.

Da betraten Manni und Peer die Klasse. Sie sahen Gerd mit Bosko lachen und verzogen die Gesichter. Doch das machte Bosko nichts aus: Mit allen kann man nicht befreundet sein.

Klaus Kordon

Mam saß auf dem Rand der Badewanne, betrachtete die rosa Tube in ihrer Hand und machte „tse-tse“. Als ob sie sich fragte, seit wann ihre Tochter so dämlich war. Ich stellte fest, dass es ziemlich blöd war, zehn Jahre alt zu sein.

„Ich kann nicht glauben, dass du das getan hast, Indie“, seufzte Mam und machte schon wieder „tse-tse“. Okay, zwei Augenbrauen sind besser als eine, aber musste Mam mir deshalb zu verstehen geben, dass ich ein dummes Kind war? „Ich wusste doch nicht, dass es Haarentfernungscreme ist!“, murmelte ich durch himmelblauen Seifenschaum und beseitigte die Reste der Creme, bevor noch mehr von meiner Augenbraue verschwand.
„Indie“, seufzte Mam, „es spielt keine Rolle, ob es Gesichtscreme oder Haarentfernungscreme war. Der Punkt ist, dass du nicht an Sachen anderer Leute gehen sollst, ohne sie um Erlaubnis zu bitten.“ „Kati war nicht da, also konnte ich sie nicht fragen!“, nuschelte ich.
„Indie, Kati ist bei uns zu Gast. Was du getan hast, war unhöflich.“
Ich habe meine Mam wirklich sehr gern, aber sie benahm sich wie eine ... Mutter und gab mir das Gefühl, ein Baby zu sein.

„Hi zusammen!“, sagte jemand an der Badezimmertür. Es war Kati. Sie sah heute mega-obercool aus. Sie trug einen funkelnden Stein in ihrer gepiercten Nase und ein T–Shirt, auf dem stand: **Ich bin schüchtern, aber keiner weiß es!** Außerdem hatte sie einen Minirock und ihre lila Turnschuhe an. „Hi, wie war der Film?“, antwortete ich, in der Hoffnung, dass Kati nicht fragen würde, was los war. „Er war gut. Es ging um Dinos aus dem All“, sagte Kati und fügte hinzu: „Na … und was ist hier los?“

Ka-wum, mit einem Schlag war mir schwummerig. „Tut-mir-leid-Kati-ich-hab-irgendwie-was-von-deinem-Zeug-ausprobiert …“ Ich traute mich nicht, Kati in die Augen zu sehen.

„Hä? Was für ein Zeug?“, hörte ich sie fragen. Da Kati nicht verärgert klang, riskierte ich einen Blick und sah, dass gerade eine riesenhafte pinkfarbene Kaugummiblase aus ihrem Mund kam. „Äh … ich hab deine Gesichtscreme ausprobiert, die gar keine war“, blubberte ich. Mam hielt die Haarentfernungscreme hoch.

„Uuups“, sagte Kati und saugte den Kaugummi wieder ein. „Also, Kid“ (sie nannte mich immer Kid) „mach dir nichts draus. Ich hab mir mal mit dem elektrischen Rasierapparat von meinem Vater einen ganzen Batzen Haare abrasiert, direkt über dem Ohr.“ „Oje!“, entfuhr es Mam. „Aber da warst du sicher noch ein kleines Mädchen. Indie ist schon zehn und sollte es besser wissen.“ „Nein, ich war siebzehn“, antwortete Kati und lehnte sich lässig an den Türrahmen. „Wie dem auch sei“, sagte Mam, „Indie muss sich bei dir entschuldigen.“

„Äh, ja, ’tschuldigung …“, stammelte ich. „Halb so wild“, sagte Kati, „das stört mich nicht, Indie!“ Ein Hoch auf Kati. Sie war zwar erwachsen, aber auch lässig und cool. Ich beschloss, dass es Zeit war für CSWEE (Cool sein wie ein Erwachsener). Und als Erstes würde ich üben müssen, große pinkfarbene Blasen zu machen.

Das geht Frau Neugebauer überhaupt nichts an

„He, pass doch auf! Beinah hättest du meine Kuh umgeworfen!“, ruft Anne, als Hannes ins Kinderzimmer stürmt.

„Selber Kuh!“, brummelt Hannes.

„Und wenn jetzt ein Bein abgebrochen wäre?“, sagt Anne.

„Du sollst sowieso nicht auf dieser Seite spielen. Dies ist *meine* Seite vom Zimmer“, antwortet Hannes.

„Mann, du bist vielleicht schlecht gelaunt!“, ruft Anne. „Hat dich der Lehrer geärgert?“

„Nein!“

„Die anderen Kinder der Schule?“

„Quatsch!“

„Wer denn dann?“

„Die Mama.“

„Die Mama! Unsere Mama?“ Anna wird neugierig, hört auf zu spielen und setzt sich neben Hannes aufs Bett. „Was hat sie denn gemacht? Erzähl doch mal!“

Erst will Hannes nicht, aber als Anne weiter drängt, sagt er zögernd: „Sie hat sich mit Frau Neugebauer unterhalten.“

Anne ist richtig enttäuscht. Sie hat wohl etwas ganz Grässliches erwartet. „Das ist alles?“, fragt sie. „Was soll denn daran so schlimm sein?“

„Siehst du, du verstehst überhaupt nichts. Ich hab’s ja gleich gewusst.“ Hannes ist sauer. „Du bist eben noch zu klein.“

„Du kannst es mir ja erklären“, meint Anne. „Darf sie sich denn nicht unterhalten?“

„Sie soll sich ja ruhig unterhalten. Aber nicht über mich. Und schon gar nicht, wenn ich dabei bin. Und das *hat* sie“, erklärt Hannes.

„Ach so. Haben sie über mich auch etwas gesagt?“, will Anne wissen.

„Bestimmt! Ich hab’s zwar nicht gehört. Aber bestimmt haben sie über dich auch geredet.“

„Was denn?“ Anne ist ganz gespannt.

„Vielleicht, dass du immer so spät aus dem Kindergarten kommst …“

„Das ist ja gemein!“, ruft Anne.

„… oder dass du neulich ins Bett gemacht hast …“

„Das ist ja ganz, ganz gemein, dass Mama das weitersagt“, ruft Anne wütend. „Das war doch nur, weil ich geträumt habe, ich sitze auf dem Klo, und da …“

Hannes unterbricht sie. „Vielleicht hat sie es ja auch gar nicht gesagt. Ich hab dir doch gerade erklärt, dass ich nicht gehört habe, was sie über dich erzählt hat. Ich habe nur gehört, wie sie sich über mich unterhalten haben.“

„Was hat Mama denn über dich erzählt?“

„Als ich die Treppe hochkam, hat sie sich mit Frau Neugebauer unterhalten. Ich hab noch gehört, wie sie ihr das von dem Diktat mit neununddreißig Fehlern erzählt hat. ‚Das wäre jetzt mein absoluter Rekord‘, hat sie gesagt.“

„So was!“, sagt Anne mitfühlend. „Das ist aber nicht nett von Mama.“

„Das finde ich auch! Das geht Frau Neugebauer überhaupt nichts an“, sagt Hannes und setzt sich auf. Er findet es tröstlich, dass seine Schwester ihn versteht.

„Und weißt du, was Frau Neugebauer zu mir gesagt hat, als ich an ihr vorbeiging? ‚Na Hannes, was hört man da von dir? Neununddreißig Fehler! Was hat denn dein Vater dazu gesagt? Da musst du dich aber ganz schön auf den Hosenboden setzen, öfter mal in die Bücher schauen, was?‘ Ich hab gar nicht gewusst, was ich antworten soll. Ich bin einfach ganz schnell vorbeigegangen. Und Mama hat auch noch gelacht!“

„Richtig gelacht?“, fragt Anne ungläubig.

„Na ja, mehr gelächelt“, sagt Hannes. „Sie hat gar nicht gemerkt, wie schlimm ich das fand.“

Paul Maar

Die Klassenfahrt

Janna lag auf ihrem Bett und schaute an die Zimmerdecke. Immer wieder musste sie an die bevorstehende Klassenfahrt denken. Schon seit zwei Wochen diskutierten die Schüler mit dem Klassenlehrer Herrn Kunze aufgeregt über die Höhe des Taschengeldes, wann in den Zimmern Nachtruhe herrschen sollte und über das Programm der Reise. Ich muss ihm das jetzt sagen, dachte Janna dann, doch nie fand sie den Mut dazu.

Ein paar Tage vor der Abfahrt war ihre beste Freundin Leonie da und sie brüteten über den Deutsch-Hausaufgaben. Ganz leise hörte man das Ticken des Mickey-Maus-Weckers vom Nachttischchen. „Nimmst du das Buch mit den Gespenstergeschichten mit an die Mosel?“, fragte Leonie, rieb sich die Hände und kicherte. „Mensch Janna, weißt du eigentlich, dass die Jugendherberge in einer alten Burg ist? Und dann abends Gespenstergeschichten, das wird fein gruselig. Ich freu’ mich schon.“ Janna lächelte gequält. „Hey, guck doch nicht so matschig!“, Leonie stieß ihrer Freundin den Ellenbogen in die Seite.

Janna sagte sich, jetzt musst du ehrlich sein. Leonie ist deine beste Freundin, der kannst du nichts vormachen. „Ich komm nicht mit an die Mosel“, flüsterte sie. Leonie klappte die Kinnlade herunter. „Bist du krank oder so was? Oder ist bei euch einer gestorben?“, rief sie. Janna schüttelte den Kopf und sah auf den Fußboden. „Ich fahr nur einfach nicht mit. Meine Eltern wissen noch nichts davon.“ Janna drehte das Buch mit den Gruselgeschichten in ihren Händen. Dann begann sie zu erzählen. Versuchte Leonie zu erklären, warum sie solche Angst hatte, ohne ihre Eltern zu verreisen, und dass sie es kaum ertragen konnte, wie sich alle so auf die Klassenfahrt freuten. Allen voran die Eltern.

Als sie Leonie schließlich anschaute, warf die den Kopf in den Nacken und lachte laut. „Weißt du was, Janna? Du wirst es nicht glauben, aber mir geht's genauso!"
Leonie und Heimweh? dachte Janna. Dass ich nicht lache. Aber Leonie wurde ernst: „Ehrlich, Janna. Meine Eltern mussten mich schon oft von meiner Cousine abholen, weil ich's vor Heimweh nicht ausgehalten hab. Eine Freundin von meiner Mutter hat mich sogar mal mit Klosterfrau Melissengeist vollgepumpt. Ich hab dann nur geschlafen vom Alkohol da drin. Sie hat geglaubt, das Mittel würde mich beruhigen."
Da musste Janna lachen. „Das kommt mir bekannt vor. Nur musste ich Kamillentee trinken." Leonie redete weiter: „Ich hab nie was davon erzählt, weißt du. Ich sagte mir, irgendwann muss das ja aufhören. Jetzt auf der Klassenfahrt, da sind ja schließlich alle in derselben Situation. Alle wissen, dass wir nicht so schwuppdiwupp nach Hause können. Die anderen überleben das, also werd ich's auch tun. Wir zwei zusammen, wir schaffen das schon!"

Janna wurde unsicher und senkte die Augen. An dem, was Leonie gesagt hatte, war was dran. Und wenn ihre Freundin mit so viel Mut an die Sache heranging, wie sollte sie da einen Rückzieher machen? Plötzlich war ihr bewusst, dass sie in der Klemme saß. Wenn sie nicht mitfuhr, dann ließ sie Leonie im Stich. Ganz klar.

Janna schaute auf.
Da hielt Leonie ihr auffordernd die Hand hin. „Schlag ein!" Klatsch!

Sarah Bosse

Manchmal fühle ich mich …

Der gelbe Junge

Các trẻ vàng

Mark bekam seine Eltern anders als die Kinder sonst; er war schon fünf, als er sie kennenlernte. Er ist nämlich in Vietnam geboren. Sein Vater war im Krieg verschollen. Seine Mutter floh mit ihm und seinen Geschwistern aus dem Dorf. Sie liefen mit vielen anderen Menschen auf der Straße. Da schoss ein Flugzeug in die Menschenmenge hinein.
Die Mutter wurde getroffen und starb. Die Kinder weinten. Andere Leute zerrten sie mit. Sie wurden in getrennten Heimen abgegeben.
Er vergaß allmählich alles – nur manchmal träumte er, wie die Mutter im Straßenstaub lag. Dann schluchzte er im Schlaf, der Schrecken saß tief.

Nach zwei Jahren brachte ihn ein Flugzeug in ein fernes Land, wo neue Eltern auf ihn warteten. Er hatte Angst vor ihnen.

Die neuen Eltern waren bleichhäutig und viel größer als seine ersten Eltern. Aber sie waren freundlich. Sie gaben ihm neue Namen und er hatte mit einem Mal auch eine ältere Schwester: Renate. Er hieß jetzt Mark Dobler. Er lernte rasch die neue Sprache, Deutsch, und nach einem Jahr redete er wie Renate. Er hätte nicht mehr gemerkt, dass er anders war, wenn sich nicht die Leute nach ihm umgedreht hätten. Den Kindern, mit denen er spielte, fiel nicht mehr auf, dass er pechrabenschwarzes Haar und gelbe Haut hatte. Er war ihr Freund.

Mit der Schule änderte sich das. Der Lehrer war allzu freundlich zu ihm, was ihm nicht behagte, und die Kinder starrten ihn an, als käme er vom Mars. Er hatte Angst und Wut.

Im Unterricht sagte der Lehrer: „Mark kommt aus Vietnam. Er hat seine Eltern verloren und ist von Doblers an Kindes statt angenommen worden.“ Mark fand dieses „an Kindes statt“ grässlich. Er schämte sich. Der Lehrer sagte weiter: „Seid nett zu ihm.“ Da sagte Mark leise: „Aber ich bin doch wie die anderen.“ Der Lehrer lachte: „Wenn du meinst, Mark.“

In der Pause stand er allein und war nahe daran zu weinen. Aber er wollte sich nicht schwach zeigen. Eine Horde von größeren Jungen bildete einen Kreis um ihn, und der, den sie Tom riefen, sagte: „Wo kommst du denn her?“ Mark sagte: „Ich wohne in der Biberstraße.“ „Nee, wo du herkommst, will ich wissen“, sagte Tom. „Von hier“, sagte Mark. „Jetzt wird der Gelbe auch noch frech“, sagte Tom.

Mark versuchte, aus dem Kreis herauszukommen, doch die Jungen ließen es nicht zu. Sie waren hundsgemein. Sie hatten ihn „der Gelbe“ genannt. Er rannte mit gesenktem Kopf auf Tom los.

„Mensch, der Chinese hat ja Mut“, sagte Tom. „Ich bin kein Chinese!“, schrie Mark. „Du bist doch gelb im Gesicht“, sagte Tom. „Bist du auch gelb am Bauch und am Hintern?“ „Ich bin aus Vietnam“, sagte Mark. Nun konnte er das Weinen nicht mehr unterdrücken.

„Du bist nicht aus Vietnam. Du bist gelb. Du bist ein Chinese.“

„Ich bin ein Deutscher“, sagte Mark sehr leise. Aber Tom hatte es gehört.

„Der will ein Deutscher sein! Habt ihr das gehört?“

Einer der Jungen sagte: „Lass ihn. Er kann nichts dafür, dass er gelb ist.“

Endlich kam einer der Lehrer und schimpfte mit den Jungen.

„Tun Sie’s nicht“, sagte Mark.

„Aber sie haben dich doch beleidigt.“

„Ja“, sagte Mark.

Am nächsten Tag wollte er nicht zur Schule gehen. Der Vater schlug vor, er werde ihn hinbringen. Doch er ging lieber mit Renate. Auf dem Hof hörte er, wie einer zum anderen tuschelte: „Da ist er, der gelbe Junge." Er riss sich von Renates Hand, sprang an dem Jungen hoch, klammerte sich an dessen Hals, sodass der flehte: „Lass mich los." „Nenn mich nicht gelber Junge!", sagte Mark. „Nein – nein." Er ließ den Jungen los. Als er sich von ihm abkehrte, gab der ihm einen Tritt in den Hintern. „So listig seid ihr – ihr Weißen …" Er schämte sich, lief nach Hause.

„Heute musst du nicht zur Schule", sagte Mutter. „Ich will nach Hause", sagte Mark. „Du bist doch hier zu Hause", sagte seine Mutter traurig. „Bei euch schon", sagte er. „Aber sonst nicht." „Manchmal denke ich das auch", sagte Mutter. „Aber wir werden es schon schaffen."

Er schaffte es, gewöhnte sich daran „gelber Junge" genannt zu werden. Als er in die dritte Klasse kam, wäre er beinahe zum Klassensprecher gewählt worden. „Wir haben dich so lieb wie Renate", sagten seine Eltern. Es war so. Er spürte es. Aber nachts träumte er noch immer, dass ihn eine Horde weißhäutiger Kinder jagt und dass er darauf wartet, gequält zu werden.

Er war nicht sicher, ob diese Träume je aufhören würden, obwohl seine Eltern ihn liebten, obwohl er hier zu Hause war und obwohl er sich an Vietnam nicht erinnern konnte.

Peter Härtling

Ich bin so

Ich bin so
so traurig,
dass mir fast der Kopf
fast vom Hals fällt,
dass das Dach
vom Haus fällt,
dass das Haus fällt.

Habe Füße wie
wie in viel zu großen Schuhn,
Hände wie
wie in viel zu großen Handschuhn.

Versteh nicht, was da
was gelacht wird ringsherum.
Bin so
wie ein Hund,
so traurig
wie ein Huhn,
ein gelbes Suppenhuhn,
ein altes Weißbrot,
ein Kuchen, der nicht aufgeht,
nie mehr auf.

Ich bin so
so traurig,
dass die Tränen nur so
an mir herunterlaufen,
immer nur so herunter,
dass das Hemd nass, die Hose nass,
die Haut nass.

Denn das hört
denn das hört nie mehr auf,
dass der Kopf mir fast vom Hals,
dass das Dach fällt,
dass das Haus.

Jürg Schubiger

1. Jugo, S. 42 – 45

a) Welche Fußball-Mannschaften spielen gegeneinander?
b) Was erfährst du über Bosko?
c) Wie kommt Bosko zu dem Namen „Jugo“?
d) Wie verhalten sich die Jungen gegenüber Bosko?
   - beim Fußballspielen
   - in der Schule
e) Aischa und Gerd helfen Bosko. Was tun sie?

2. Zwei Augenbrauen sind besser als eine, S. 46/47

a) Indie hat Pech gehabt. Was ist geschehen?
b) Was wirft die Mutter Indie vor?
c) Kati ist nicht verärgert. Begründe.
d) Wähle eine der beiden Aufgaben:
   - Indie bewundert vieles an Kati. Sie schreibt es ihr auf einem Schmuckblatt – als Entschuldigung.
   - Wen bewunderst du? Gestalte ein „Fan-Blatt“ mit der Überschrift: XX ist super!

3. Das geht Frau Neugebauer überhaupt nichts an, S. 48/49

a) Worüber ärgert sich Hannes?
b) Wie erklärt er Anne, was ihn ärgert?
c) Stell dir vor, Hannes und Anne sprechen mit ihrer Mutter. Wie könnte sie reagieren?
d) Spielt das Gespräch. Bereitet es in Stichwörtern vor.

4. Die Klassenfahrt, S. 50/51

a) Janna hat Kummer. Weshalb?
b) Worauf freut sich Leonie?
c) Woran erkennst du, dass Janna und Leonie gute Freundinnen sind?

5. Der gelbe Junge, S. 52 – 54

a) Wie alt war Mark, als er zu seinen neuen Eltern kam? Was geschah davor?
b) Wie fühlt sich Mark in der neuen Familie?
c) Mark macht andere Erfahrungen in der Schule. Wie verhalten sich ihm gegenüber
   - der Lehrer?
   - die Mitschüler?
   - Tom?
d) Wie reagiert Mark auf die Ausgrenzung und die Beleidigungen?
e) Wo liegen die Länder China und Vietnam? (Weltkarte, Globus)
f) In den Geschichten „Jugo“ und „Der gelbe Junge“ geht es um Diskriminierung. Informiere dich über diesen Begriff.

6. Ich bin so, S. 55

Manchmal möchte man vor Freude nur noch hopsen und singen – manchmal möchte man vor Traurigkeit nur noch weinen.
Tragt das Gedicht wie eine Theaterszene vor, zu dritt oder zu fünft.

Die Veilchentasse

Die Mutter kommt in die Küche. In der Türöffnung bleibt sie noch stehen und horcht, dann setzt sie sich an den Tisch. Der Vater schöpft die Lauchsuppe in sich hinein. Es ist so still, dass Marlies sein Schlucken hören kann. „Sie muss weg“, sagt die Mutter. „Jetzt muss sie wirklich ins Heim.“ Mit „sie“ ist die Oma gemeint. Der Vater sieht müde aus. Die Oma ist seine Mutter. Marlies kaut auf einem Butterbrot herum. Es ist fast elf Uhr nachts. „Iss schneller“, sagt Mutter. „Du gehörst längst ins Bett.“ Vor einer Stunde ist die Oma von zwei Polizisten heimgebracht worden. Der Vater und die Mutter haben sie ins Bett gebracht.

Die Oma ist morgens weggelaufen, als die Mutter nur schnell beim Tengelmann war. „Die Oma ist weg!“, hat die Mutter gesagt, als Marlies von der Schule heimgekommen ist. Der Vater war schon zur Polizei gegangen und hat die Oma als vermisst gemeldet. Marlies hat dann ihre Aufgaben gemacht, aber sie konnte sich nicht konzentrieren … An ihrem Geburtstag vor zwei Jahren war ihre Oma noch ganz gesund gewesen.
Dann ist Marlies aufgestanden und hat sich in Omas Zimmer in den Sessel gesetzt, in dem sonst immer die Oma sitzt. In ihrem Glasschrank hat die Oma zwölf Blumentassen. Und zu jeder Tasse hat sie eine Geschichte erzählt … Schönere Tassen gibt es nicht, doch die allerschönste ist die Veilchentasse. Marlies hat den Schrank aufgemacht und mit dem Zeigefinger über den Rand der Tasse geschabt. Das zirpt so schön. Marlies hat dauernd an die Oma denken müssen. Und dass die Oma eine sehr liebe Oma ist, auch wenn sie manchmal komische Sachen sagt.

Später ist die Oma von zwei Polizisten heimgebracht worden. Die Mutter und der Vater haben die Oma gefragt, warum sie weggelaufen ist. Die Oma hat keine Antwort gegeben. „Mein Gott, sie ist ja ganz durcheinander“, hat die Mutter gesagt.

Am nächsten Morgen rennt Marlies im Nachthemd über den Flur und macht Omas Zimmertür auf. Die Oma liegt im Bett und schläft. Marlies geht in die Küche. „Ich hab Hunger“, sagt sie zu ihrer Mutter. Und sie fragt, wo ihr Vater ist. „Zum Ammersee gefahren“, sagt die Mutter. „In das Heim, wo wir schon mal waren, das mit dem großen Garten.“ „Warum können wir sie nicht hierbehalten?“, fragt Marlies. Die Mutter schaut Marlies nicht an. „Sie braucht dauernd jemand, der auf sie aufpasst. Und das können wir nicht.“

Zwei Tage ist die Oma dann noch zu Hause geblieben. „Nein, Wolfi. Lass mich hier, Wolfi“, war das Letzte, was sie gesagt hat. Danach lag sie nur noch im Bett. Marlies hat sich ein paar Mal auf den Stuhl neben sie gesetzt. Aber was sie auch gefragt hat, die Oma hat kein Wort gesagt und den Kopf zur Seite gedreht. Da ist Marlies wieder aus dem Zimmer gegangen.

Am Mittwoch trägt der Vater zwei große Koffer zum Auto. Marlies umarmt die Oma und küsst sie und sagt, dass sie sie jedes Wochenende besuchen. „Die Mama hat‘s versprochen.“ Aber die Oma gibt keine Antwort. Sie lässt einfach alles mit sich geschehen.

„In zwei, drei Stunden sind wir wieder da“, sagt die Mutter zu Marlies. „Aber wenn sie doch nicht will“, sagt Marlies. „Warum macht ihr das, wenn sie nicht will?“ Unten hupt der Vater und die Mutter beeilt sich. Marlies ist froh, dass sie nicht mitfährt. Sie schaut dem Auto nach, bis es verschwunden ist.

Dann setzt sie sich in Omas Sessel und wartet darauf, dass sie weinen kann. Aber es kommt keine einzige Träne. Das Zimmer ist irgendwie leer, obwohl noch alle Möbel dastehen. Die Mutter hat die gehäkelte Wolldecke von Oma in einen Koffer gepackt, die Bibel und das Bild von Marlies. „Und die Tassen?“, hat Marlies gefragt. Die Mutter hat den Kopf geschüttelt: „Im Heim hat die Oma nur einen Kleiderschrank.“

Marlies geht zum Glasschrank. Sie nimmt die Rote-Rosen-Tasse heraus. Die Hand tut ihr weh, der Bauch tut ihr weh, die Augen tun ihr weh. Da hebt sie die Tasse hoch und schmeißt sie, so fest sie kann, gegen die Wand. Es gibt einen Knall und die Scherben fallen zu Boden. Marlies nimmt die Tulpentasse. Und dann die Gänseblümchentasse. Mit jedem Krachen tut ihr der Bauch weniger weh. Die Veilchentasse ist die letzte. Marlies betrachtet sie lange. Und auf einmal fängt sie an zu weinen. Vorsichtig stellt sie die Tasse zurück.

Marlies betrachtet den Scherbenhaufen, während ihr die Tränen über die Backen laufen. Sie versteht nicht, warum sie das gemacht hat. Die Oma hätte es ihr vielleicht erklären können. Ich werd sie gleich nächsten Sonntag fragen, denkt Marlies. Vielleicht sagt sie dann wieder was. Auch wenn es was Verrücktes ist.

Mirjam Pressler

Für Samay

Wir kommen weit her
liebes Kind
und müssen weit gehen
keine Angst
alle sind bei Dir
die vor Dir waren
Deine Mutter, Dein Vater
und alle, die vor ihnen waren
weit weit zurück
alle sind bei Dir
keine Angst
wir kommen weit her
und müssen weit gehen
liebes Kind

Dein Großvater
8. Mai 1985

Heinrich Böll

Erstens, zweitens, drittens

Katrins Opa ist voriges Jahr gestorben. Sie muss aber noch oft an ihn denken und besucht ihn manchmal auf dem Friedhof. Immer dann, wenn ihre Oma sie mitnimmt.

Der Grabstein, auf dem Opas Name steht, ist ein kleiner Felsbrocken. Katrin findet, der Stein passt gut zu ihrem Opa. Er war ja auch sehr klein und dick. Und oft sehr stur. Stets tat er nur, was er wollte.

Trotzdem hat Katrin ihren Opa sehr gern gehabt. Wenn er mit ihr im Park spazieren ging, erzählte er ihr immer was. Mal redeten sie über die Sterne am Himmel. Mal über Tiere. Mal darüber, wie es damals war, als ihre Eltern noch kleine Kinder waren.

Mit anderen Leuten sprach Katrins Opa nicht so gern. Da schwieg er lieber, um besser nachdenken zu können, wie er sagte.

Im Stadtpark wollte Katrin von ihrem Opa mal wissen, weshalb er ausgerechnet mit ihr so gern sprach. Da setzte er sich auf eine Bank und schwieg lange.

Dann sagte er leise: „Erstens, weil ich dich sehr lieb habe.“ Das hatte Katrin sich schon gedacht.

„Und zweitens?“

„Zweitens, weil ich mich gern mit Leuten unterhalte, die noch neugierig sind.“ Das hatte Katrin noch nicht gewusst. Sie konnte sich gar nicht vorstellen, dass es Menschen gab, die nicht neugierig waren. Ihr Opa jedoch sagte, unter den Erwachsenen gäbe es davon sehr viele, und sie glaubte ihm.

„Und drittens?“, fragte sie weiter, denn sie dachte sich, dass noch etwas kam. Katrins Opa überlegte erst wieder.

Dann sagte er: „Drittens, weil ich möchte, dass du später mal an mich denkst.“ Mit „später“ meinte Katrins Opa die Zeit nach seinem Tod. Katrin begriff das sofort. Weil sie aber nicht gern daran dachte, dass sie ihre Großeltern irgendwann nicht mehr haben würde, fragte sie nicht weiter danach.

„Ich möchte“, sagte ihr Opa da zu ihr, „dass du dich später an die vielen Dinge erinnerst, die wir zusammen gemacht und über die wir gesprochen haben. Dann kannst du eines Tages deinen Kindern von Oma und mir erzählen. Und deinen Enkeln. Auf diese Weise werden wir nicht vergessen.“

Katrin wird ihren Kindern ganz bestimmt von ihren Großeltern erzählen. Das nimmt sie sich jedes Mal vor, wenn sie vom Friedhof kommt. Und ein klein bisschen freut sie sich schon darauf.

Klaus Kordon

Die Puppe

Die Geschichte spielt kurz nach dem Zweiten Weltkrieg: Viele Menschen hungern, denn Lebensmittel sind sehr knapp und teuer. Dinge, die man nicht zum Leben braucht, sind billiger, aber selten zu haben. Die Läden sind meistens leer. Wenn es einmal ein Angebot gibt, stehen die Menschen Schlange. An diesem Wintertag schleicht sich Lis um fünf Uhr früh aus dem Haus. In Mostarts Laden werden Puppen verkauft. Sie hat ein wenig Geld und will ganz vorne in der Schlange stehen.

Die Leute vor ihr drückten sich näher an die Ladentür, und Lis hielt sich dicht hinter ihnen. Es musste bald soweit sein.

Plötzlich erschrak sie: „Wenn die Puppe aber mehr Geld kostet, als ich in der Tüte habe?“ Sie begann vor Aufregung an den Nägeln zu kauen. Ein Pfund Butter kostete vierhundert Mark, und eine Puppe war doch viel mehr wert als ein Pfund Butter.

Lis fragte eine Frau mit einer zerbrochenen Nickelbrille, aber die wusste auch nicht, was die Puppen kosten sollten. „Ich habe Lappen genug mit“, sagte sie, „man bekommt sonst doch nichts dafür.“

Mostart öffnete pünktlich um acht Uhr. Er ließ die ersten sieben Leute in den Laden und schloss wieder ab.

Als die Tür sich zum zweiten Mal öffnete, drängte Lis hinter den anderen her, aber jemand zog sie am Ranzen auf die Seite, und sie kam noch nicht mit hinein.

Sie fing an zu schlucken, aber da sah sie eine alte Frau, die schon im Laden gewesen war, eine Puppe durch die Luft schwenken, und lachte. Die Puppe war dick und blond, das Flachshaar hing in zwei langen Zöpfen um ein rundes, rosiges Gesicht, und der Körper steckte in einem Kleid aus rotkariertem Vorhangleinen.

Lis zog die Mehltüte mit dem Geld aus der Manteltasche, und dann stürzte sie auf die Tür zu, die sich jetzt wieder öffnete, und diesmal kam sie mit hinein.

Der Laden war klein und kalt. Mostart stand mit seiner Frau hinter der Theke und stellte die schmalen Pappschachteln einzeln vor die Kunden. „Fünfunddreißig Mark“, sagte er und wischte das Geld in eine Schublade.

Lis riss ihre Tüte auf und fing an zu zählen. Sie legte das Geld auf die Glasplatte, zehn und noch zehn Mark, in flachen Häufchen, aber da sagte Mostart: „Die Puppen sind ausverkauft.“ Eine Frau krakeelte, doch dann ging sie mit den anderen hinaus, und nur Lis blieb im Laden stehen.

„Die Puppen sind ausverkauft“, sagte Mostart noch einmal und zeigte auf das leere Regal. Seine Frau kramte das Geld auf der Theke zusammen und schob es Lis in die Hand.

Draußen ging Lis die Straße hinunter, ohne aufzusehen. Sie kam zur Brücke und blieb am Geländer stehen. Langsam machte sie die Mehltüte auf und ließ die Scheine hinabtreiben, die Scheine und auch die hellen Metallplättchen, die viel schneller über dem Fluss waren und mit einem kurzen Klatsch aufschlugen.

Als sie in die Schule kam, drehte sich das Fräulein an der Tafel um und fragte: „Wo kommst denn du jetzt her?“ Lis konnte nichts antworten, und das Fräulein packte sie an der Schulter und rüttelte sie.
Erst als sie die Hand der Lehrerin spürte, fing Lis an zu schlucken, und dann stolperte sie in ihre Bank, setzte sich hin, ohne den Ranzen abzuziehen, und legte den Kopf zwischen ihre Arme.

Auszug: Thomas Valentin

Parzival und die Ritter der Tafelrunde

Der junge Parzival wusste nichts über Ritter. Er lebte mit seiner Mutter, Königin Herzeleide, auf einem einsamen Gehöft im Wald.
Als er eines Tages allein auf der Jagd war, begegneten ihm drei Ritter in glänzender Rüstung auf prächtigen Pferden. Ihre Waffen strahlten im Sonnenlicht. Parzival war wie geblendet – das mussten himmlische Wesen sein! Er fiel vor ihnen auf die Knie und konnte kein Wort sagen.
„Steh auf, Junge, hab keine Angst!“, sagte Lancelot, einer der drei Ritter.
„Ihr seht so wunderbar aus“, stammelte Parzival. „Seid ihr Engel?“
„Engel?“, lachten die Ritter. „Natürlich nicht. Wir sind Menschen. Wir ziehen nach Camelot zur Burg des König Artus. Wir sind seine Ritter – Ritter der großen Tafelrunde!“
„Vielleicht willst du eines Tages auch ein Ritter werden?“, sagte Lancelot. Die beiden anderen lachten.
„Wie wird man Ritter?“, fragte Parzival.
„Du musst das Abenteuer lieben – und du musst tapfer sein“, sagte Lancelot.
„Komm doch selbst nach Camelot, wenn du willst. Dort kannst du König Artus begegnen“, sagte ein anderer Ritter. Dann zogen sie weiter.

Parzival verlor keine Zeit. Er eilte nach Hause und erzählte seiner Mutter von den prächtigen Rittern. „Ich will auch ein Ritter werden“, sagte er. „Ich will nach Camelot reiten. Gleich morgen werde ich aufbrechen.“ Herzeleide erblasste und begann zu weinen. „Mein lieber Parzival“, sagte sie, „noch nie habe ich dir davon erzählt – nun muss ich dir alles sagen: Dein Vater war ein Ritter und deine beiden älteren Brüder waren Ritter. Sie alle verloren ihr Leben im Kampf. Muss ich dich nun auch verlieren?“
Aber alles Reden und Bitten half nicht, sie musste ihn ziehen lassen.

Der Weg nach Camelot war lang. Als es dämmerte, sah Parzival die Türme der Burg. Vor dem mächtigen Tor traf er einen Ritter in roter Rüstung auf einem feurigen Pferd.

Parzival grüßte höflich, der Ritter lachte. Er hielt einen goldenen Becher in der Hand: „Du kommst wie gerufen. Bring diesen Becher zu König Artur, er gehört ihm. Danach darfst du dir zur Belohnung etwas wünschen."

Parzival ritt eilig zur Burg, aber die Wächter wollten ihn nicht einlassen. Lancelot bemerkte den Vorfall. Er erkannte den Jungen aus dem Wald und geleitete ihn vor König Artus. Parzival verneigte sich, übergab den goldenen Becher und bat darum, ihn sogleich zum Ritter zu machen. „Erst wenn du die ritterlichen Tugenden kennst und eine Rüstung und ein Pferd besitzt, kannst du die Ritterschaft erlangen", erwiderte König Artus und schüttelte lächelnd den Kopf.

Parzival kehrte zum Roten Ritter zurück und sagte: „Den Becher habe ich König Artus zurückgebracht. Gib mir nun zur Belohnung deine Rüstung und dein Pferd." Dieser maßlose Wunsch erzürnte den Roten Ritter und er stieß Parzival mit einem Fußtritt zu Boden. Das ließ sich Parzival nicht gefallen. In jäher Wut schleuderte er seinen Wurfspieß gegen ihn – tödlich getroffen sank der Rote Ritter vom Pferd.
Parzival nahm sich die Rüstung und ergriff die Zügel des Pferdes. Das Gesicht des Ritters war bleich, er war tot. Parzival ritt davon und weinte, weinte bitterlich.

nach Wolfram von Eschenbach

1. Die Veilchentasse, S. 58 – 60

a) Marlies und ihre Eltern essen an diesem Tag sehr spät zu Abend. Was ist geschehen?
b) Marlies kann sich schon am Nachmittag nicht auf ihre Hausaufgaben konzentrieren. Was tut sie?
c) Weshalb beschließen die Eltern, die Oma in ein Heim zu bringen?
d) Woran erkennst du in Zeilen 33 – 52, dass Marlies ihre Oma sehr lieb hat? Was macht sie? Was sagt sie?
e) Warum zerstört Marlies die Tassen? Was ist anders bei der Veilchentasse?
f) Informiere dich über die Alterskrankheit Demenz.

2. Für Samay, S. 61

a) Wovor haben Kinder Angst?
b) Wie können Väter oder Mütter ihrem Kind Angst wegnehmen?
c) In dem Gedicht werden viele Zeilen wiederholt. Welche Wirkung hat das?
d) Was steht in den Zeilen, die nur aus zwei Wörtern bestehen?
Zur Information: Samay ist die Enkelin des Schriftstellers Heinrich Böll (1917 – 1985).

3. Erstens, zweitens, drittens, S. 62/63

a) Katrin findet, dass der Stein auf Opas Grab gut zu ihm passt. Warum?
b) Warum gingen Katrin und ihr Opa gern zusammen im Park spazieren?
c) Opa redete am liebsten mit Katrin und sagte ihr seine Gründe:
Erstens: … *Zweitens: …* *Drittens: …*
d) Katrin wird ihren Opa nicht vergessen und von ihm erzählen.
Welche Erinnerungen hast du an jemanden, den du gern hattest und der gestorben ist?

4. Die Puppe, S. 64/65

a) Informiere über die Zeit, in der die Geschichte spielt.
b) Lis will sich eine Puppe kaufen. Welche Schwierigkeiten gibt es?
c) Lis hatte schon eine Puppe, sie war aus alten Strümpfen genäht. Weshalb gefällt ihr die neue, andere Puppe so sehr?
d) Wie fühlt sich Lis, als sie den Laden verlässt?
e) Warum wirft sie das Geld in den Fluss?
f) Wie ergeht es Lis im Klassenzimmer?

5. Parzival und die Ritter der Tafelrunde, S. 66/67

a) Wo lebt Parzival mit seiner Mutter, Königin Herzeleide?
b) Eines Tages hat Parzival ein ganz besonderes Erlebnis. Erzähle.
c) Was erfährt Parzival über seine Herkunft?
d) Welche Erlebnisse hat Parzival auf seinem Weg nach Camelot?
e) Der letzte Satz der Sage lautet: „Parzival ritt davon und weinte, weinte bitterlich.“ Warum weint er?

Gar nicht einfach

Anita will den Charlie,
Bettina will den Ben,
doch Benjamin will Astrid,
und Astrid will den Sven.

Tom sagt, er will Susanne,
Susanne will nur Joe,
doch der wird ohne Ilse
des Lebens nicht mehr froh.

Der Wolfgang will Sabine,
Sabine will den Till,
dem Till wär' Anna lieber,
(wenn Birgit ihn nicht will).

Birgit will nämlich Markus,
der aber mag sie nicht
und sagt ihr das ganz offen
und direkt ins Gesicht.

Und Harald will die Uschi,
und Uschi will den Björn,
und Mario hat's einfach –
den mögen alle gern.

Markus, der will Verena,
Verena will den Pit,
doch Pit und Heinz und Jenny,
die spielen nur zu dritt.

Stefan mag Geraldine,
und Alois mag Kathrin,
doch Jens, der liebt nur eine –
das ist die Lehrerin.

Das Leben ist nicht einfach,
wenn man sein Herz verliert –
im Gegenteil: dann wird es
erst richtig kompliziert.

Zum Glück will Klaus die Sonja.
Zum Glück will Sonja Klaus.
Sonst wäre das Gedicht hier
natürlich noch nicht aus.

Franz Sales Sklenitzka

Tomas

Fünf Jahre lang war die Bille die Freundin von Tomas. Und da der Tomas zehn Jahre alt ist, war das sein halbes Leben lang. Dann zog der Konrad ins Nachbarhaus der Bille. Der war auch zehn Jahre alt, und die Bille verliebte sich auf den ersten Blick! „Tut mir leid", sagte sie zum Tomas. „Aber unsere Liebe ist jetzt aus!" Der Tomas war sehr traurig. Und die Traurigkeit hörte nicht auf. Und er nahm sich keine neue Freundin, obwohl er leicht zehn hätte haben können.

„Wie können wir dir denn bloß helfen?", fragten der Papa und die Mama. „Wie können wir dir denn bloß helfen?", fragten auch die große Schwester und der kleine Bruder.

Aber der Tomas wusste keine Antwort darauf.

Dann, eines Tages, nach vielen Wochen, rief die Bille an. Und sagte zum Tomas: „Die Liebe mit dem Konrad ist aus. Willst du wieder mein Freund sein?"

„Ich komme!", rief der Tomas und legte den Hörer wieder auf.

„Mit der Kuh würde ich kein Wort mehr reden!", sagte der kleine Bruder.

„Bist ja nicht ihr Hanswurst", sagte die große Schwester.

„Wo sie dir so viel Kummer gemacht hat", sagte die Mutter.

„Da hätt' ich meinen Stolz", sagte der Vater.

Der Tomas zog seine Jacke an und seine Schuhe.

„Dir ist auch nicht zu helfen!", riefen der Papa, die Mama, die große Schwester und der kleine Bruder.

„Jetzt braucht mir auch niemand mehr zu helfen!", rief der Tomas und lief aus der Wohnung. Und dachte: Die sind vielleicht komisch! Wollen, dass ich ewig traurig bleibe!

Christine Nöstlinger

Markus mag Maja

Seit einer Woche fühlte sich Markus richtig schlecht. Schon lange wusste er, wie sehr er Maja mochte. Und jetzt war er draufgekommen, dass Ralf die ganze Zeit zu Maja hinüberstarrte – Stunde für Stunde.

Markus wusste nicht mehr, was um ihn herum geschah. Er konnte nur noch kontrollieren, wie oft Ralf zu Maja hinübersah und ob Maja sich nach Ralf umdrehte.

Aber Maja war nichts anzumerken.

Markus tat richtig das Genick weh, weil er ständig den Kopf zwischen Ralf und Maja hin und her drehen musste.

Auf dem Heimweg sagte Ralf zu Markus: „Ich glaube, Maja mag mich nicht."

Markus fühlte sich auf einmal richtig gut. Warum sollte Maja eigentlich Ralf mögen, dachte er. Vielleicht mochte sie doch ihn lieber, obwohl sie sich nichts anmerken ließ.

„Woher weißt du das?", fragte Markus.

Ralf war verblüfft. „Gute Frage, ich weiß es gar nicht. Mensch, klasse! Vielleicht mag sie mich ja doch!"

Markus spürte einen Druck auf dem Magen. Jetzt ging es ihm wieder schlecht.

Zwei Tage später sagte Ralf auf dem Heimweg: „Stell dir vor, Maja mag mich."

„Wie kommst du darauf?", fragte Markus.

„Weil sie mit mir ins Kino geht." Ralf grinste Markus an.

„Sie geht mit dir ins Kino?", stammelte Markus. Er konnte es nicht fassen. Er hoffte, die Erde würde sich auftun und ihn verschlucken.

„Ist was?", fragte Ralf.

Markus schüttelte den Kopf. Was sollte schon sein?

„Übrigens – sie geht nur mit mir ins Kino, wenn du auch mitkommst", sagte Ralf.

„Was?" Markus fühlte sein Herz klopfen.

„Ja, du sollst mit ihrer Freundin Lisa gehen."

Markus starrte Ralf an. „Ich will aber nicht mit Lisa ins Kino."

„Schade", sagte Ralf. „Dann muss ich jemand anders fragen."

Markus fühlte sich schlechter als je zuvor. „Warte", sagte er. „Ich glaube, ich komme doch mit."

„Na, also", feixte Ralf. „Dann bis nachher."

Am Nachmittag machte Markus sich auf den Weg zum Kino. Ralf, Maja und Lisa warteten schon. Sie kauften Eintrittskarten. Wie im Fieber ging Markus neben Lisa her. Er sah Maja nicht ein einziges Mal an. Er setzte sich neben Lisa, starrte nach vorne und wartete auf das Ende des Films. Warum war er eigentlich mitgekommen? Er war wütend auf sich selbst. Vor seinen Augen flimmerte es. Er hatte keine Ahnung, worum es in dem Film gegangen war. Ihm war abwechselnd heiß und kalt. Vielleicht wurde er krank?

Als sie wieder auf der Straße standen, war ihm schlecht. Er stürzte davon.

Am nächsten Morgen wartete Maja vor der Schule auf Markus. „Was war denn los?", fragte sie. „Ich dachte, du gehst mit mir ins Kino und Ralf geht mit Lisa – so wie es verabredet war."

„Was?" Markus war fassungslos. „Du wolltest doch mit Ralf ins Kino, und ich sollte mit Lisa gehen."

Maja schüttelte den Kopf.

„Heißt das, du wolltest eigentlich mit mir ins Kino?", fragte Markus.

Maja nickte.

„Ach, Maja ...", sagte Markus.

„Ich wollte dir schon lange sagen, dass ich ... dass ich ..."

„Ich mag dich auch!", sagte Maja.

Rosemarie Künzler-Behncke

Mädchentore zählen doppelt

Lolas erster Tag an der neuen Schule hätte nicht schöner sein können. Die Sonne schien und es war wunderbar warm. Ideal für ein Fußballturnier! Jede der beiden vierten Klassen bildete drei Mannschaften, also würde es fünfzehn Spiele geben. Und am Ende bekam die Siegermannschaft einen richtigen Pokal.
Lola liebte Fußball, und so freute sie sich riesig, als sie von dem Turnier hörte. „Das ist Lola", fing Frau Schröder gerade an, um sie der Klasse vorzustellen, da gellte schon der Pfiff, dass sich alle auf dem Sportplatz versammeln sollten.
„Wir bilden gemischte Mannschaften", sagte Herr Wiedemeyer, der Sportlehrer. „Jede Klasse hat drei Kapitäne und die suchen sich abwechselnd ihre Leute aus." Alle nickten. So wurden die Mannschaften immer zusammengestellt. Erst wurden die guten Spieler gewählt, die im Verein spielten. Dann kamen die anderen Jungs dran, dann erst die Mädchen.
Als Kapitäne bestimmte Herr Wiedemeyer für die 4B Robin, Josef und Olli, weil sie im Sport Nieten waren. Er glaubte, dass es für einen Jungen keine größere Schmach gab, als noch hinter den MÄDCHEN gewählt zu werden.

Lola trippelte nervös von einem Fuß auf den anderen, als sich Olli, Robin und Josef nach vorn stellten. „Ich nehme Lennart!" – „Keanu!" – „Hamid!" – So ging das Schlag auf Schlag, bis endlich die Mädchen an der Reihe waren. Doch keiner beachtete Lola, bis nur noch sie und zwei Mädchen in rosa Söckchen und Ballerinas übrig waren. Olli holte tief Luft: „Von mir aus … dann nehme ich noch die Neue." „Lola heiße ich!", sagte Lola laut, als sie sich das gelbe Mannschaftsband geben ließ.
„Denkt daran, Jungs, Mädchentore zählen doppelt!", sagte Herr Wiedemeyer noch, dann ging's los und alle rannten auf ihre Plätze.

Die Gelben und die Grünen standen erst mal als Zuschauer am Rand. Lola brauchte keine fünf Minuten, um zu begreifen, was es mit dieser merkwürdigen Regel auf sich hatte: Die Jungs passten sich gegenseitig die Bälle zu und die Mädchen liefen ziellos auf dem Platz hin und her. Sie wurden nicht angespielt, aber immer wenn der Ball Richtung Tor flog, schrie irgendjemand: „Los, Clara, schieß doch!“ Oder: „Mensch, Luisa, wieso holst du dir den Ball nicht?!“ Und dann schoss einer der Jungs das Tor. Lola machte eine finstere Miene. So etwas Blödes. Doch jetzt waren endlich die Gelben dran. Allerdings nicht Lola. Ihr passierte genau das, was sie eben schon mitgekriegt hatte. Die Jungs nahmen sie gar nicht zur Kenntnis. Vier zu null stand es schon für die Grünen und sie hatte den Ball noch kein einziges Mal berührt! Als sie sich in der Halbzeitpause beschweren wollte, hörte keiner zu. „Hallooo!“, sie zupfte Justus wie wild am Ärmel. „Wie wäre es, wenn ich auch mal den Ball kriege?!“

Als der Anpfiff kam, war Lola richtig wütend. Und wenn sie wütend war, dann war sie noch schneller als sonst. Ehe jemand Piep sagen konnte, hatte sie dem Kapitän der Grünen den Ball abgejagt, zwei Grüne und zwei der eigenen Spieler umdribbelt und war aufs Tor zugestürmt. Kurz zielen, ausholen und voll mit dem Spann auf die Pille. „Tor! Nur noch vier zu eins!" „Nein! Vier zu zwei!" Justus klopfte Lola anerkennend auf die Schulter. „Nicht schlecht … für ein Mädchen." Pfff. Lola rümpfte die Nase. Und dann rannte sie weiter. Um jeden Ball kämpfte sie, egal, ob einer der Grünen ihn hatte oder einer der Gelben. Schwindlig würde sie diese eingebildeten Bubis spielen. Jawohl!

Und genau das tat sie. Ehe die anderen begriffen, was geschah, hatte Lola drei weitere Tore geschossen. In der letzten Minute, als der gegnerische Torwart am Boden lag, spielte sie Lennart den Ball zu. „Willst du auch mal?", fragte sie und grinste. Lennart übernahm und schoss das Tor. Dann kam der Abpfiff. Gewonnen! Lola lief jubelnd vom Platz.
„Neun zu vier für die Gelben!", verkündete Herr Wiedemeyer das Ergebnis. Doch da spurtete Lola noch einmal los, schnappte sich den Filzstift und schrieb 5:4 in die Tabelle. Dann stieg sie auf die Sprudelkiste. „Hört mal zu, Leute. Es gibt eine neue Spielregel: Lola-Tore zählen einfach nur einfach!" Carolin und Sophia lachten und alle Mädchen fingen an zu klatschen.

Schließlich klatschten auch Lennart und Justus und der Rest der gelben Mannschaft. Nur die Kapitäne der anderen Mannschaften der 4b wirkten verstimmt. Diese Lola hätte ja vorher sagen können, dass sie so eine Granate ist, oder?

Cornelia Franz

SCHLUSS MIT DEN BEFEHLEN

Horch! sagt der Storch.
Renne! sagt die Henne.
Schlaf! sagt das Schaf.
Geh! sagt das Reh.

„Ja, aber –“
Gib Ruh! muht die Kuh.

Nimm Platz! sagt der Spatz.
Geh weg! sagt der Schneck.
Komm her! sagt der Bär.
Los raus! sagt die Maus.

„Ja, aber darf ich denn nicht –“
Nix da! kräht der Ara.

Hör mal! sagt der Wal.
Tu nicht so! sagt der Floh.
Sei still! sagt der Mandrill.
Psst leise! sagt dic Mcisc.

„Schluss! Aus! Ich will endlich mal
tun und lassen, was ich will!“ sage ich.

Sieh mal an! sagt der Hahn.
Okee! sagt das Reh.
Na klar! sagt der Star.
Verzeih! sagt der Hai.

Wolfgang Mennel

1. Gar nicht einfach, S. 70

a) Bildet eine 9er-Gruppe, stellt euch in einer Linie auf und tragt das Gedicht mit Sambaschritt vor. Jeder übernimmt eine Strophe.

Achtung: Es beginnt mit einem Auftakt!

Zählen:	1	2	3	4
A-	nita	will den	Charlie	(Pause)
Schrittfolge:	L	R	R	L

2. Tomas, S. 71

a) Tomas ist sehr traurig. Warum kann ihm keiner helfen?
b) Wie verhält sich Bille?
c) „Ich komme!“, rief Tomas und legte den Hörer wieder auf. Was sagen sein Bruder, seine Schwester, sein Vater, seine Mutter?
d) Billes Gefühle sind wechselhaft. Die Phase zwischen Kindheit und Jugendalter heißt Pubertät. Was weißt du darüber? Informiere dich im Internet.

3. Markus mag Maja, S. 72/73

a) Warum geht es Markus seit einer Woche schlecht? In welchen Zeilen kommt das zum Ausdruck?
b) Wie verhält sich Ralf beim gemeinsamen Kinobesuch?
c) Markus schwärmt schon lange für Maja, weiß aber nicht, ob sie ihn auch mag.

Wie könnte er merken, dass sein Schwarm Maja ihn mag? Ihr könnt eure Gedanken in kleinen Gruppen austauschen. Unter www.lilipuz.de kannst du die Meinung anderer zu diesem Thema erfahren.

4. Mädchentore zählen doppelt, S. 74 – 76

a) *Lies die Seite 74*: Welche Schwierigkeiten gibt es bei der Auswahl der Mannschaften?
b) Herr Wiedemeyer ist ein erfahrener Sportlehrer. Wie geht er vor?
c) *Lies Seite 75*: Lola beobachtet das Spiel der anderen Mannschaften. Was fällt ihr auf?
d) *Lies Seite 76*: Nachdem ihre Mannschaft 0:4 im Spiel zurückliegt, wird Lola wütend. Wie verläuft die zweite Halbzeit?
e) Welche neue Spielregel gibt Lola bekannt?

5. Schluss mit den Befehlen, S. 77

a) Zähle die Tiere im Gedicht. Achtung: Ein Tier kommt zweimal vor.
b) Das Mädchen kommt dreimal zu Wort. Vergleiche.
c) Wie reagieren die Tiere?
d) Ein Gedicht für die ganze Klasse: Jeder wählt ein Tier aus und ahmt es mit seiner Stimme nach. Das „Ich“ wird immer von der gleichen Schülerin/ dem gleichen Schüler gesprochen.

Die Schwabenkinder

Anzeige aus der damaligen Bauernzeitung: Der Landarbeiter - 1913 - Nr. 5

20 Pfennig — Nummer 5

Der Landarbeiter
Zeitung

Eine Zeitung für die Landbevölkerung — Jahrgang 1913

Hütekinder zum Verkauf

Wie jedes Frühjahr, so kommen auch heuer am 28. März die Tiroler Hütekinder in Friedrichshafen durch den „Hütekinderverein" zum ‚Verkauf'.

Mit einer solchen Zeitungsanzeige wurde die Ankunft von Kindern aus Tirol und benachbarten Gebieten der Alpen bekannt gegeben. Seit rund 300 Jahren kamen alljährlich 6- bis 14-jährige Jungen und Mädchen nach Oberschwaben, das ist die Gegend um den Bodensee und das Allgäu. Sie arbeiteten dort von März bis Oktober als Hütejunge, als Magd oder als Knecht.
Es waren Kinder armer Bergbauern. Die Felder dieser Bauern waren klein, schwer zu bearbeiten und brachten nur magere Ernten. Armut war weit verbreitet. Aus Not schickten viele Eltern eines oder mehrere ihrer Kinder in die Fremde, wo sie mit ihrer Arbeit ein wenig Geld verdienen konnten und eine Unterkunft hatten. Fünf- bis sechstausend Kinder machten sich jedes Jahr auf den Weg.
Die Wanderung in den Bodenseeraum war sehr beschwerlich. Oft waren im März die Pässe noch verschneit. Die unpassende Kleidung und das schlechte Schuhwerk konnten die Kinder nicht lange vor der Nässe schützen. Die Kälte kroch ihnen in Arme und Beine. Ein Erwachsener führte jeweils eine Gruppe von 20 Kindern. Er sorgte unterwegs für die Übernachtung in Heuschobern, Scheunen oder Gasthäusern. Die Verpflegung musste täglich von den Kindern erarbeitet oder erbettelt werden.
Nach der Ankunft handelte der Begleiter auf dem „Kindermarkt" den Gesamtlohn für die Arbeitsmonate mit den Dienstgeberfamilien aus. Am 28. Oktober, dem Ende des Dienstes, wurde der Lohn ausgezahlt: 10 bis 20 Gulden (siehe Kasten S. 83) – ein Gewand (neue Kleidung) – neue Schuhe.

Der Hütejunge Alois

Wir schreiben das Jahr 1875. Die Kinder aus dem oberen Lechtal konnten wie im vergangenen Jahr von Bregenz aus mit dem Raddampfer nach Friedrichshafen fahren. Alois war für seine 13 Jahre ein kräftiger, hoch aufgeschossener Junge. Der Besitzer der Gaststätte „Zum Rad" in Friedrichshafen, bei dem er schon im vergangenen Sommer im Dienst gewesen war, hatte ihn gleich wieder ausgewählt. Als Lohn wurden 16 Gulden und ein Gewand vereinbart.

Alois hütete tagsüber die Kühe auf der Weide und half am Abend dem Knecht bei der Stallarbeit. Sonntags arbeitete er als Kegeljunge an der Kegelbahn: Er stellte die Kegel auf und rollte die Kugel zurück. Zur Belohnung erhielt er von den Spielern ein paar Kreuzer extra, die er in seiner Spardose sammelte.
Wenn in der Gaststube viel Betrieb war, musste Alois oft länger als die vereinbarten 12 Stunden arbeiten. Trotzdem beneideten ihn die anderen Jungen um seine Dienststelle, weil er sich im Gasthaus jeden Tag richtig satt essen und nachts in einem richtigen Bett in der Kammer schlafen konnte.
Am Sonntagmorgen bereiteten sich alle zum Kirchgang vor. Alois wusch sich in der Waschküche und zog sein sauberes Gewand und die leichten Schuhe an. Nach der Christenlehre, dem Religionsunterricht nach der Messe, trafen sich die Jungen und Mädchen auf dem Kirchplatz und erzählten einander. Wie so oft war auch heute das Thema, wie gut oder wie schlecht man es mit seiner Arbeitsstelle getroffen hatte.

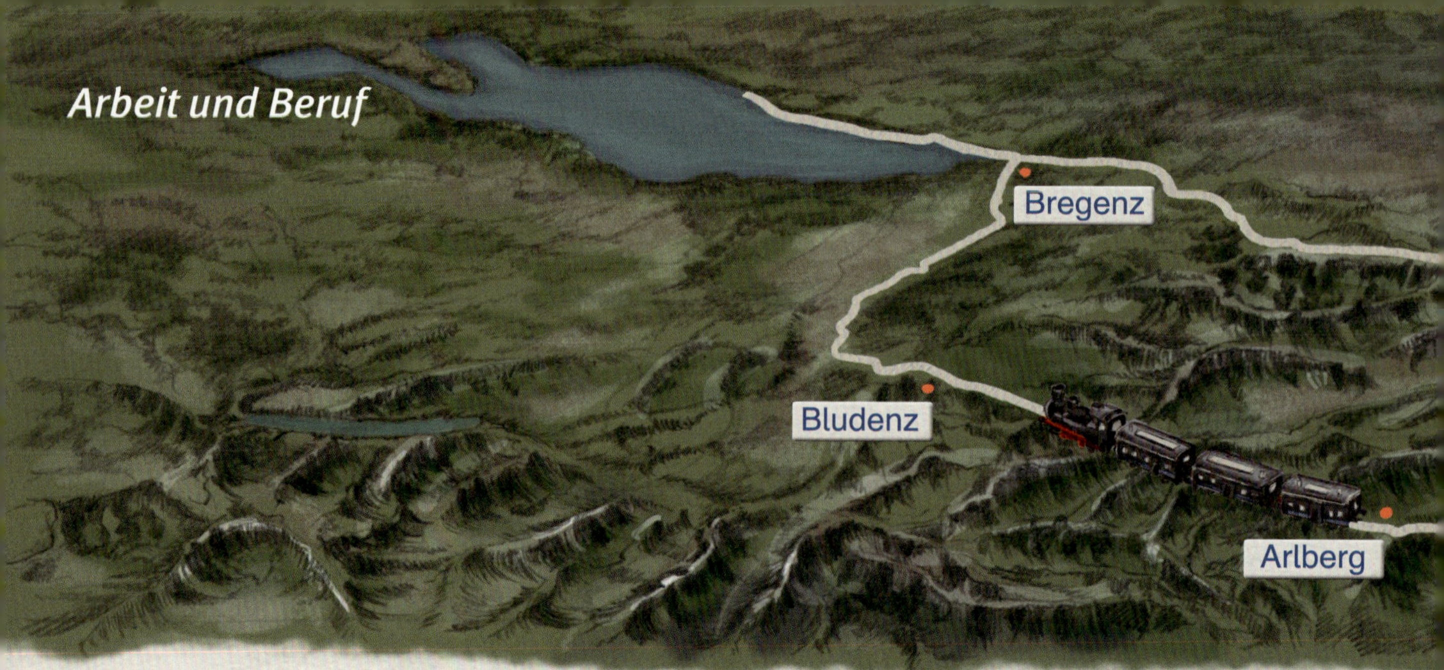

Alois sagte: „Wenn ich vom Viehhüten zurückkomme und alle Kühe gemolken sind, gibt es meist eine warme Suppe und frisches Brot, heute Abend esse ich Reste vom Sonntagsbraten und Spätzle.“

Johann, ein blasser und schmächtiger Junge, viel jünger als Alois, hörte ihm fassungslos zu. „Hast du’s gut!“, rief er dann. „Beim Meier-Bauer gibt’s früh zum Kaffee nur zwei trockene Scheiben Brot und ein Stück Käs’. Das muss für den ganzen Tag reichen. Und am Abend immer nur Haferschleimsupp’.“

Alois beugte sich zu ihm und rümpfte die Nase: „Du stinkst nach Kuhmist, wäschst du dich am Sonntag nicht?“

Darauf der Johann: „Ich schlaf’ überm Kuhstall im Heu. Ein sauberes Gewand hab’ ich nicht. Das kleine Stück Seife von meiner Mutter muss bis zum Herbst reichen.“

„Ach so“, sagte Alois verständnisvoll. Er kannte den Meier-Bauer aus seinem ersten Sommer und der kleine Johann tat ihm leid: „Ich weiß, der Meier ist geizig und nörgelt an allem herum. Nichts kannst du ihm recht machen. Aber komm doch heute mit zur Kegelbahn. Ich stelle sonntags die Kegel auf. Es sind zwei Bahnen neben dem Gasthof. Wenn wir uns beeilen, haben sie noch keine Kegeljungen und du kannst aufstellen. Dafür gibt es ein paar Kreuzer.“

Johann war unsicher und zögerte, aber Alois zog ihn am Ärmel mit. Als sie in die Hauptstraße einbogen, hörten sie von weitem das Knallen der Kugeln und das Rumpeln der Kegel. Alois fluchte: „Himmel, Herr… ! Heute wird’s nichts mit dem Aufstellen!“ Der Jüngere erschrak, weil auch der Meier-Bauer immer so fluchte, und fing an zu weinen.

„Was ist los? Warum heulst du?“, fragte Alois. Johann schluchzte weiter und presste mühsam die Worte heraus: „Ich will nicht mehr zum Meier, ich … ich hab Heimweh.“ Alois tröstete Johann. Sie schauten den Keglern zu und Johann beruhigte sich wieder.

Später ging Alois zur Wirtin am Ausschank, er wollte für sich und Johann einen Wurstwecken kaufen. Sonntags hatte er immer ein paar Kreuzer in der Tasche. Als die Wirtin den kleinen, blassen Johann sah, reichte sie Alois die Wecken und sagte: „Lass deine Kreuzer stecken, du wirst sie noch brauchen.“ Johann schaute ungläubig: „Das hätt’ der Meier nie g’macht.“ Dann biss er kräftig in den Wecken.
Als die Kirchturmuhr viermal schlug, stand Johann auf. Er musste zurück.
Zum Abschied meinte Alois: „Der Meier ist, wie er ist. Da musst du jetzt durch. Nächstes Jahr gehst du nicht mehr zu ihm.“ Johann nickte und schüttelte den Kopf. „Ja … nein!“, sagte er. Dann lief er schnell zum Hof, die Arbeit im Stall wartete.

Seit 1890 kümmerte sich ein Verein um die Tiroler Hütekinder. Durch den Bau der Arlbergbahn wurde das „Schwabengehen“ weniger beschwerlich, als es früher war. Die Kinder aus der Alpenregion sammelten sich in Landeck, wo sie vom „Vereinskaplan“ und einem Lehrer in Empfang genommen, verköstigt und dann auf die Eisenbahn gebracht wurden. Die „Vereinskinder“ wurden zum Ausnahmepreis von einem Gulden für die Hin- und Rückfahrt von Landeck nach Bregenz von der österreichischen Staatsbahn befördert.

1915 wurden die Kindermärkte abgeschafft, aber erst 1921 beendete die Einführung der allgemeinen Schulpflicht – auch für ausländische Kinder – die „Schwabengängerei“.

Mit einem Gulden konnte damals eine Familie den ärmlichen Lebensunterhalt für einen Tag bestreiten.

Maria an der Straße

Maria stand an der großen Kreuzung in der Maktaba-Straße. Immer wenn die Ampel auf Rot sprang, lief sie zu den wartenden Autofahrern und bot ihnen ihre Erdnüsse an. Mutter kaufte jede Woche fünf Kilo Erdnüsse, röstete und packte sie, zusammen mit Maria, in kleine Tüten ab. Seit einiger Zeit war der Verkauf der Nüsse der einzige Broterwerb für die kleine Familie.

Sonst hatte die Mutter jeden Tag in der Nähe der Busstation auf Holzkohle-Kochern Reis und Bohnen gekocht und an die Reisenden verkauft. Viele Frauen verdienten so ihr Geld. Aber seit einiger Zeit war Mutter krank. So lag sie meist auf ihrem Lager in der winzigen Bretterhütte, die sich etwas außerhalb der Innenstadt befand.

Maria war acht Jahre alt. Sie wäre gerne zur Schule gegangen, aber Mutter hatte kein Geld für die Schuluniform und die Unterrichtsgebühren. Als der Vater noch lebte, hatte er manchmal etwas Geld mit nach Hause gebracht. Das hatte Mutter ihr erzählt. Erinnern konnte sich Maria nicht an ihn. Nun war sie Mutters einzige Stütze. Sie freute sich, wenn sie am Ende des Tages heimkehrte und alle Nüsse verkauft hatte. Dann lobte Mutter sie. Maria kochte das Essen und später füllten sie zusammen neue Tütchen mit Nüssen.

Manchmal, wenn Maria an der Straße stand, vergaß sie ihre Nüsse. Dann stellte sie sich vor, sie sei eines der kleinen Mädchen, die frisch frisiert und sauber gekleidet in Autos vorbeigefahren wurden. Wohin sie wohl gingen? Vielleicht in die Schule? Oder Eis essen? Oder einfach spazieren?

Einmal starrte ein kleines Mädchen aus einem an der Ampel wartenden Auto sie an und öffnete das Fenster. „Wie heißt du?“, fragte sie. – „Maria.“ – „Papa, kaufst du mir Nüsse?“, wendete sich das Mädchen ihrem Vater zu. Der Mann kaufte fünf Päckchen. Als die Ampel auf Grün sprang, winkte das Mädchen ihr zu.
Die nächsten Tage schaute Maria nach ihr aus, traf sie aber nie wieder.

Ganz anders war es mit dem Mann, der ihr jeden Tag zwei Tüten abkaufte. Er war sehr freundlich und sagte immer etwas Nettes zu Maria. Dass sie niedlich wäre und in einem hübschen Kleid würde sie die Schönste sein. Maria war jedes Mal verlegen und sie mochte es nicht, wenn er ihren Arm streichelte.
Heute hatte er ihr vorgeschlagen, mit ihm zu einem Laden zu gehen. „Ich kauf dir etwas Schönes zum Anziehen“, hatte er gesagt. Maria hatte Angst bekommen. Endlich war er weggefahren.
„Morgen stelle ich mich woanders hin“, hatte Maria gedacht. „Vielleicht fährt da ja das kleine Mädchen vorbei.“

Am Abend ging es Mutter nicht gut. Sie konnte das Essen nicht bei sich behalten. „Morgen gehen wir zum Krankenhaus“, hatte Maria entschieden. „Von welchem Geld sollen wir die Behandlung bezahlen?“, hatte Mutter leise gefragt. „Nächste Woche kaufen wir nur ein oder zwei Kilo Nüsse“, hatte Maria geantwortet. „Das Geld, das wir dann übrig haben, soll dich wieder gesund machen.“

Nasrin Siege

Der Ausreißer

Erwin lief mindestens viermal im Jahr von zu Hause weg. Sein Vater war viel auf Reisen und seine Mutter ging tagsüber arbeiten. Seine Großmutter kochte für ihn, aber sie redete kaum; sie hörte schwer und war dauernd müde.

Als er sieben Jahre alt war, lief er zum ersten Mal weg. Er hatte große Jungen kennengelernt, die ihm die tollsten Geschichten von einem See erzählten, wo sie ein Floß gebaut hatten. Die Jungen hatten einen Leiterwagen, auf dem das Zelt und andere Sachen lagen. Erwin musste den Wagen ziehen, keiner half ihm.
Am Abend wollten sie die Insel auf dem See mit dem Floß erobern. Es war klein und wacklig, Erwin passte kaum mit drauf und wurde ständig nass. Unterwegs stellte ihr Anführer, der Bernd hieß, fest, dass das Floß bald auseinanderfallen würde. Sie kehrten um und paddelten mit den Händen bis zum Ufer.
Erwin war sehr müde. Vielleicht wäre es zu Hause jetzt schöner, dachte er. Nein, sagte er sich, hier ist es schöner.
Er schlief am Zelteingang, zu Füßen der großen Jungen. Bernd hatte es so gewollt. Erwin wachte ein paarmal auf, weil ihm so kalt war.
Gegen Morgen hörte er Stimmen. Der Zelteingang wurde aufgerissen, seine Mutter hob ihn hoch; er sah, dass sie weinte.

Das war sein erster Ausflug. Er hatte oft das Gefühl, wegrennen zu müssen, hatte Sehnsucht, im Freien zu sitzen, ganz allein, und sich Geschichten auszudenken. So ging er einige Male fort.
Seine Mutter wurde immer ärgerlicher und trauriger. Erwin versprach ihr ganz fest, nicht mehr wegzulaufen.

Es kam ein Zirkus in die Stadt. Und Erwin sah einen Mann, der mit zehn Bällen auf einmal spielen konnte. Es war das Herrlichste, was er je gesehen hatte. Der Mann hieß Willi. Erwin freundete sich mit ihm an.

Er erzählte ihm, dass er manchmal Lust hatte, von daheim wegzurennen. Und dass er manchmal die Schule schwänzte.
Willi ließ die Bälle toll hüpfen und sagte: „Das ist falsch. Bleib zu Hause und geh zur Schule. Vielleicht lernst du mal einen Lehrer kennen, der auch mit Bällen spielen kann.“ „Das glaub ich nicht“, sagte Erwin. „Dann glaub's nicht und stell ihn dir vor“, sagte Willi.
Nach einer Woche zog der Zirkus weiter, Erwin hatte sich in einem der Wagen versteckt. Er lief zu Willi. Der streichelte ihm übers Haar und sagte: „Auf Wiedersehen, Ausreißer.“ Ein Zirkusfahrer brachte Erwin nach Hause.

Seine Mutter sagte: „Ich muss dich in ein Heim bringen, wo man auf dich aufpasst.“ „Ich reiß nicht mehr aus“, sagte Erwin. Aber er tat's wieder.

Er hatte eine Stelle am Waldrand gefunden, die ihn immer wieder anlockte. Dort traf er einen Mann, der ein finsteres Gesicht hatte und mit den Augen blinzelte, so, als tue ihm das Sehen weh. Der Mann fragte: „Bist du von zu Hause abgehauen?“ Erwin sagte, nach einer Pause: „Ja.“
„Klar“, sagte der Mann. „Wo wohnst du?“ – „In der Limbacherstraße.“ – „Da wohnen wir nicht weit voneinander“, sagte der Mann. „Wie heißt du?“ – „Erwin.“ – „Komm mit“, sagte der Mann, „jetzt reicht es doch nicht mehr für die Schule.“

Der Mann führte Erwin in ein Haus, das ziemlich alt war. Sie stiegen die Treppe hinauf in einen großen Raum, dessen Decke ganz aus Glas war. „Hier wohne ich“, sagte der Mann, „hier male ich meine Bilder.“
Es waren Bilder, auf denen immer Straßen gemalt waren. Es wimmelte da von winzigen Menschen, am Rand standen Häuser und Bäume. Und immer gab es einen blauen Himmel, über den ein, zwei dicke Wolken schwammen. Die Straßen führten direkt auf ihn zu. Alles war toll bunt. Autos fuhren. Hunde, so groß wie ein Daumennagel, hoben ihr Bein an zündholzhohen Bäumchen. Ein Pferd zog einen Bierwagen.

„Wenn du wiederkommst, kriegst du ein Bild“, sagte der Maler. „Jetzt geh nach Hause und hau bitte nicht mehr ab. Komm lieber zu mir, sag’s deiner Mutter.“ Seine Mutter schrie, weinte und gab ihm eine Ohrfeige. Und er beteuerte: „Ich geh bestimmt nicht mehr fort.“

Den Maler besuchte er, so oft es ging. Er sah ihm bei der Arbeit zu. Der Maler malte gerade an einem Bild, auf dem es wieder eine lange Straße gab. Ganz am Ende der Straße sah Erwin einen roten Punkt. „Was ist das?“, fragte er. „Das bist du“, sagte der Maler. „Wenn du Lust hast, kannst du ins Bild reingehen. Denk dir, dass du der Punkt bist, träum’ einfach. Auch so kann man ausreißen!“

Erwin tat es. Er wurde leicht wie ein Ball von Willi, und mit einem Mal stand er auf der Straße. Sie führte ihn zu dem Waldrand, den er so mochte. Er spazierte zurück durch die belebte Straße, holte tief Atem und stand, hopp!, wieder neben dem Maler.

Erwin lief nicht mehr weg von daheim. Er ist später Maler geworden.

Peter Härtling

Till Eulenspiegel als Bäckergeselle

Wie alle Handwerksgesellen wanderte Till Eulenspiegel durchs Land. Anders als alle Handwerksgesellen hatte sich Till nicht auf einen Beruf festgelegt.
In Braunschweig traf er auf einen Brotbäcker, der einen Gesellen suchte. „Ich bin ein Bäckergeselle“, sagte Till. „Willst du bei mir arbeiten?“, fragte der Bäcker. „Ja“, sagte Till.
Als er zwei Tage in der Bäckerei gewesen war, sollte Till am dritten Abend ganz allein backen. „Ja, was soll ich denn backen?“, fragte Till. Der Bäckermeister sagte spöttisch: „Du willst ein Bäckergeselle sein und weißt das nicht? – Eulen und Meerkatzen natürlich!“ Und damit ging er schlafen.

Till Eulenspiegel machte sich an die Arbeit. Er formte aus dem Teig lauter Eulen und Meerkatzen, die ganze Backstube voll, und schob sie in den Ofen.
Am Morgen kam der Bäcker in die Backstube und riss die Augen auf: Kein Brot! Keine Wecken! „Was hast du da gebacken?“, schrie er zornig. „Eulen und Meerkatzen“, antwortete Till, „genau wie Sie gesagt haben.“ Voller Wut packte der Meister ihn am Kragen. „Dieses Zeug kann ich nicht zu Geld machen! Den Teig bezahlst du mir! Und dann hau ab!“

Till Eulenspiegel bezahlte den Teig und ging. In einem großen Korb nahm er alle Eulen und Meerkatzen mit. Es war gerade Sankt-Nikolaus-Tag; Till stellte sich mit seiner Ware vor die Kirche. Alle Kinder kauften sein Gebäck und er verdiente viel mehr Geld, als er für den Teig ausgegeben hatte. Das ärgerte den Bäcker sehr: Der Bursche sollte ihm noch das Brennholz bezahlen! – Aber Till Eulenspiegel war schon weg.

Der Landarbeiter
Zeitung

Hütekinder zum Verkauf

Wie jedes Frühjahr, so kommen auch heuer am 28. März die Tiroler Hütekinder in Friedrichshafen durch den „Hütekinderverein“ zum ‚Verkauf‘.

1. Die Schwabenkinder, S. 80 – 83

a) 300 Jahre lang zogen Kinder der Tiroler Bergbauern im Sommer nach Oberschwaben. Nenne Gründe.
b) Wie erging es den Kindern auf dem Fußmarsch?
c) Was erhielten die Kinder als Entlohnung am Ende des Sommers?
d) Informiere dich über „Schwabenkinder“ und Kinderarbeit heute im Internet.

Der Hütejunge Alois, S. 81 – 83

a) Alois wird von den anderen Jungen beneidet. Wie erging es Johann? Erzähle.
b) Wodurch wurde um 1890 die Reise der „Schwabenkinder“ erleichtert?
c) Welches Gesetz beendete die „Schwabengängerei“?
d) Informiere dich auf einer Karte über die Wegstrecken der Kinder. Vielleicht kennst du diese Alpenregion vom Wintersport.

2. Maria an der Straße, S. 84/85

a) Was verkauft Maria an der Straßenkreuzung?
b) Maria ist 8 Jahre alt. Warum geht sie nicht zur Schule?
c) Der Vater des kleinen Mädchens kauft fünf Päckchen. Warum?
d) Der „freundliche“ Mann kauft täglich zwei Päckchen bei Maria. Welche Absichten verbirgt er hinter seiner Freundlichkeit?
e) Wie will Maria das Geld für die Behandlung im Krankenhaus aufbringen?

3. Der Ausreißer, S. 86 – 88

a) Erwin ist schon oft ausgerissen. Warum fühlt er sich zu Hause nicht wohl?
b) Was erzählen die großen Jungen? Wie wird Erwin von ihnen behandelt?
c) Erwin ist vom Zirkusmann Willi fasziniert.
   Male ein Bild.
d) Schließlich freundet sich Erwin mit einem Maler an.
   Was ist auf allen Bildern zu sehen?
   Warum läuft er jetzt nicht mehr weg?

4. Till Eulenspiegel als Bäckergeselle, S. 89

Till soll um das Jahr 1500 durch Deutschland gewandert und mit verschiedenen Arbeiten seinen Lebensunterhalt verdient haben. Oft spielt er seinen Mitmenschen lustige Streiche.

Schon im Jahr 1511 wird in Straßburg das erste Buch über seinen ungewöhnlichen Lebensweg gedruckt.

a) Warum beantwortet der Bäckermeister die Frage Tills mit „Eulen und Meerkatzen“?
b) Der Schelm Till nimmt ihn beim Wort. Er backt Eulen und Meerkatzen und wird fortgejagt. Warum ist der Bäckermeister am Schluss verärgert?

Schätze des Orients

Marco Polo

Im Jahr 1271, vor mehr als 700 Jahren, brach Marco Polo, ein reicher Händler aus Venedig, zu einer Reise in die sagenhaften Länder des Fernen Ostens auf. Mit dem Schiff segelte er bis in das Schwarze Meer. Von da zog er auf Karawanenstraßen durch Persien weiter nach Osten. Nach 24 Jahren kehrte er in seine Heimat Venedig zurück und verfasste einen Reisebericht, der ihn in ganz Europa berühmt machte.

Marco Polo schildert darin zum ersten Mal Einzelheiten aus China – dem sagenhaften Reich des großen Herrschers Kublai Khan mit seinen unermesslichen Reichtümern. Manche Forscher bezweifeln, dass Marco Polo wirklich in China war. Sie vermuten, dass er nur bis Persien kam und China lediglich aus Büchern oder Erzählungen anderer Händler kannte.

Seit 1350 breitete sich zwischen Europa und dem Fernen Osten ein neues Herrschaftsgebiet aus: das Osmanische Reich. Die Landwege standen nicht mehr offen. Alle Waren aus China und Indien konnten nur noch über arabische Zwischenhändler nach Europa gelangen. Deshalb wurden Seide, Porzellan und Gewürze sehr teuer. In Venedig musste man damals für ein Kilo Seide ein Kilo Gold bezahlen.
Die europäischen Fürstenhäuser und Händler suchten nach Möglichkeiten, direkt mit den fernöstlichen Herrschern Handel zu treiben. Sie wollten die hohen Zölle für Luxusgüter und die Aufschläge der Zwischenhändler sparen und selbst an den Waren verdienen.

Marco Polo

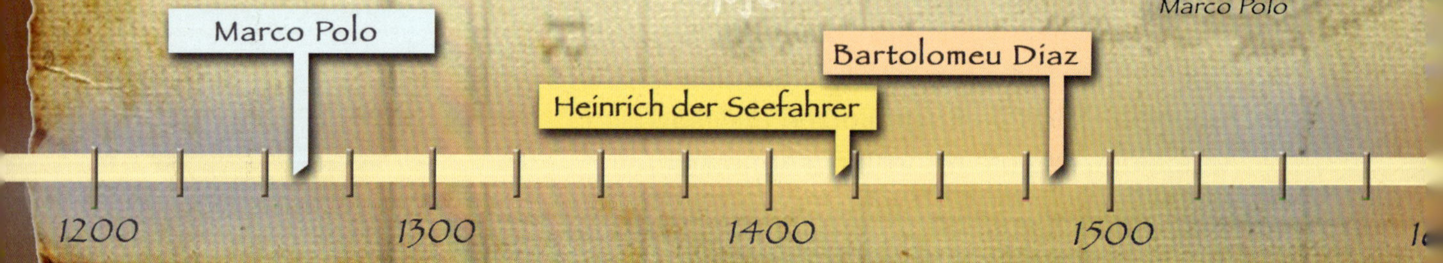

Heinrich der Seefahrer und Bartolomeu Diaz

Im Jahr 1418 fasste der portugiesische König Heinrich der Seefahrer den Entschluss, einen Seeweg nach Indien zu finden. Er selbst fuhr nicht zur See. Um sein Ziel zu erreichen, versammelte er Gelehrte, Kartenzeichner, Astronomen, Instrumentenbauer und Seefahrer an seinem Hof. Er ließ schnellere Schiffe bauen und schickte immer wieder Kapitäne aus.
Sie sollten so weit wie möglich an der Küste Afrikas entlang nach Süden segeln und erkunden, wo eine Wasserstraße nach Osten offen war – hin zum fernen Indien.

Heinrich, der Seefahrer

Bartolomeu Diaz

Die Seereisen führten immer tiefer in unbekannte Regionen. Oft mussten die Kapitäne umkehren, weil sich die Matrosen vor der Weiterfahrt fürchteten.
Sie dachten – wie damals viele Menschen –, dass die Erde eine Scheibe sei. Man glaubte, im Süden würden riesige Meeresungeheuer leben, die ganze Schiffe ins Verderben reißen. Das Meer würde dort kochen und gar in einem Strudel in die Tiefe stürzen.

Im Jahr 1488 erreichte der portugiesische Kapitän Bartolomeu Diaz die Südspitze Afrikas. Die Wasserstraße nach Osten war gefunden.
Nach Marco Polos Reise zu Land in den Fernen Osten hatte es noch ungefähr 200 Jahre gedauert, bis der Seeweg entdeckt wurde.

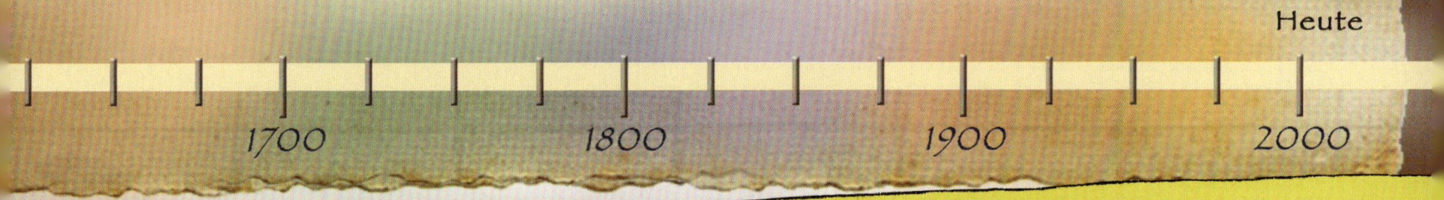

Kolumbus segelt nach Westen

Christoph Kolumbus hatte Marco Polos Reisebericht gelesen und eine längere Seereise entlang der afrikanischen Küste unternommen. Beim Studium alter Bücher wurde in ihm die Idee lebendig, Indien durch eine Seefahrt in Richtung Westen zu erreichen. Schon der berühmte Philosoph Aristoteles hatte behauptet, man könne den Ozean zwischen Spanien und Asien innerhalb weniger Tage überqueren.

Die Gelehrten zur Zeit des Kolumbus wussten, dass die Erde keine Scheibe war, sondern die Gestalt einer Kugel hatte. Unbekannt war jedoch, dass im Westen noch ein großer Kontinent, Amerika, lag. Nach den Berechnungen eines berühmten Geographen aus Florenz würde die Seefahrt nach Indien auf der Westroute etwa 30 Tage dauern.

Kolumbus trug dem König von Portugal seinen Plan vor, fand jedoch keine Unterstützung. Am spanischen Hof hatte er Erfolg und erhielt drei Schiffe mit Matrosen.
Am 6. September 1492 verließ Christoph Kolumbus mit seiner kleinen Flotte den Hafen von Palos in Südspanien. Unter der Führung des größten Schiffes, der „Santa Maria", segelten sie hinaus auf den Atlantik.

Nach Tagen auf hoher See wurde die Mannschaft unruhig. Noch nie hatten sich die Seeleute so weit von der Küste entfernt. Wann würde das Meer in unendliche Tiefe stürzen?! Viele Matrosen stellten sich die Erde wie eine Scheibe vor und fürchteten den todbringenden Abgrund am Rand. Sie wollten umkehren. Nur mit Mühe konnte Kolumbus eine Meuterei verhindern.
Aber auch er war unruhig. Die Seefahrt hätte etwa einen Monat dauern sollen – und die Zeit war fast vorbei.

Am 7. Oktober, nach einem langen Monat auf dem Meer, kamen Vögel in Sicht. In geringer Entfernung musste Land sein – das reiche Indien! Endlich konnten die Matrosen Anker werfen. Sie hatten eine Insel erreicht und wurden von den Eingeborenen neugierig empfangen. Kolumbus glaubte, Indien gefunden zu haben, und nannte die Menschen „Indianer“. Schnell erkannte Kolumbus, dass dies noch nicht das reiche Indien war, das er gesucht hatte. Er segelte weiter in den Westen und entdeckte viele Inseln, zum Beispiel Kuba. Er nannte sie „Westindische Inseln“. Bis heute hat sich diese irrtümlich entstandene Bezeichnung erhalten.

Das reiche Indien fand Kolumbus nie – es war ja nicht da! Der spanische König nahm aber gern alle entdeckten Inseln mit ihren Bewohnern in Besitz und sorgte dafür, dass sich dort auch Spanier – oft waren es Abenteurer – niederließen. Kolumbus wurde zuerst hoch geehrt und zum „Vizekönig von Indien“ ernannt. Dann aber wurde er verantwortlich gemacht für die blutigen Auseinandersetzungen auf den Inseln. Auf der Suche nach Gold zogen Spanier plündernd umher, die Eingeborenen wehrten sich und erschlugen viele von ihnen. Kolumbus wurde in Ketten nach Spanien zurückgebracht.

Er reise noch einmal mit der Unterstützung des Königs zu den Inseln. Schwer krank und enttäuscht kehrte er bald wieder zurück. Zwei Jahre später starb er. Kolumbus war bis zu seinem Tod davon überzeugt, Indien erreicht zu haben – es war aber ein neuer Kontinent.

Der Name Amerika

1507, ein Jahr nach dem Tod des Kolumbus, zeichnete ein deutscher Geograph eine Weltkarte mit dem neuen Kontinent – eine Sensation! Vorlage für die neue Karte war der Reisebericht des italienischen Seefahrers Amerigo Vespucci, der die südamerikanische Küste bereist und als Erster erkannt hatte, dass dies ein neuer Kontinent war. Daher wurde die „Neue Welt“ auf der Karte „Amerika“ genannt.

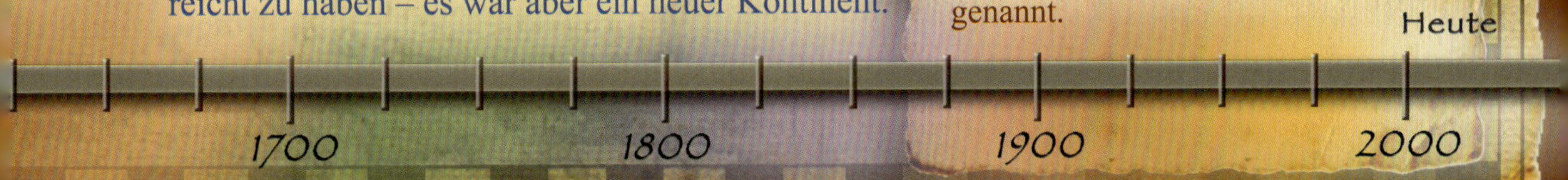

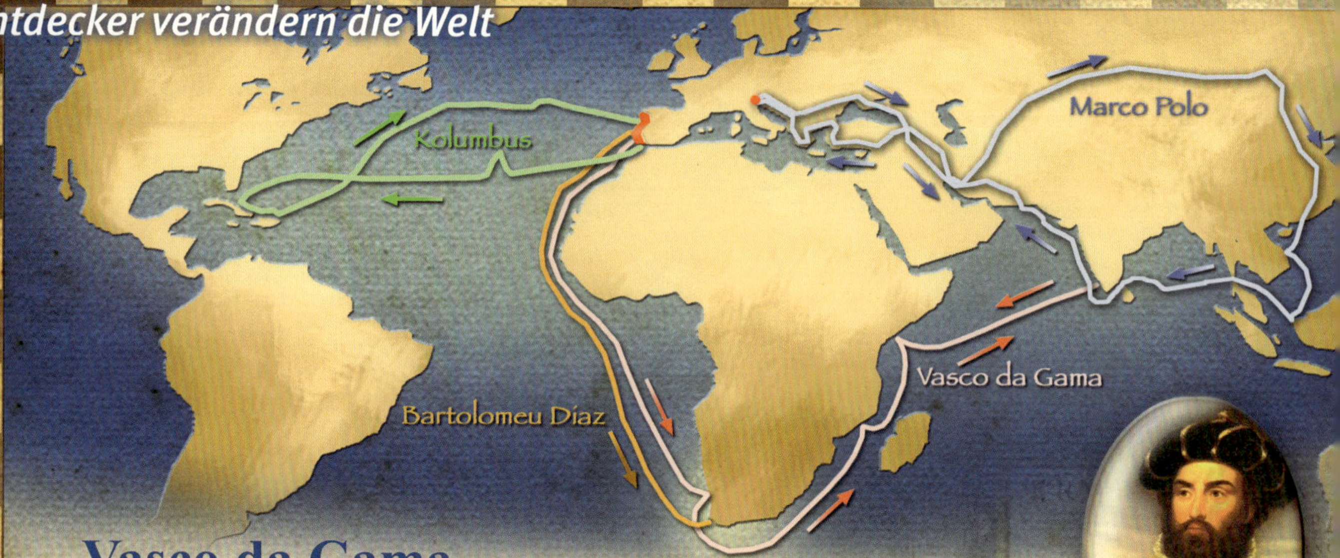

Vasco da Gama

Im Jahr 1497, Kolumbus war wieder in Spanien, verließ eine portugiesische Flotte den Hafen von Lissabon. Oberbefehlshaber war Vasco da Gama. Wie Kapitän Diaz segelte er zur Südspitze Afrikas, bis dorthin war die Route bekannt. Jetzt wurden die Schiffe sorgfältig überholt für die weitere Fahrt in die unbekannten Gebiete auf der „anderen“ Seite von Afrika. Vasco da Gama steuerte entlang der afrikanischen Ostküste nach Norden.

Zu ihrer Überraschung begegneten die Portugiesen dort vielen anderen Seeleuten und Händlern. Sie sahen arabische Schiffe, voll beladen mit Gold, Silber, Gewürzen und Perlen.

Im Mai 1498 erreichte seine Flotte die indische Hafenstadt Calicut. Hier war der Empfang abweisend. In dem reichen Hafen wollte niemand die billigen Waren wie Spiegel und Glasperlen gegen Gewürze und Seidentücher tauschen. Kurzerhand nahm Vasco da Gama einige Geiseln und zwang die Inder zum Tausch.

Vasco da Gama wurde vom indischen König empfangen. Er stand einem selbstbewussten Herrscher gegenüber, der sich den Fremden überlegen fühlte. Das überraschte alle Portugiesen, denn sie hielten sich für die Abgesandten des mächtigsten Königs auf Erden.

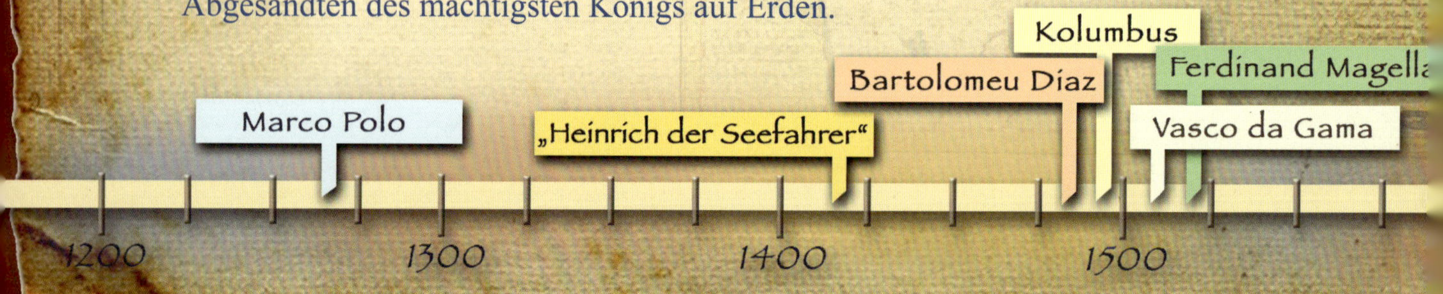

Vasco da Gama erhielt einen Brief des Herrschers von Calicut an den König von Portugal und machte sich auf die Heimreise. Sie war fürchterlich. Die Mannschaft musste gegen schwere Stürme kämpfen und erkrankte an Skorbut. Endlich erreichte die Flotte die Südspitze Afrikas. Die Seeleute waren nun zuversichtlich, wieder zurück in ihre Heimat zu gelangen, und seither heißt die Südspitze Afrikas „Kap der Guten Hoffnung“.

Im Juli 1499 kam die Flotte in Lissabon an. Vasco da Gama wurde ein triumphaler Empfang bereitet. Der Traum Heinrichs des Seefahrers war Wirklichkeit geworden: der Seeweg nach Indien.

Im Jahre 1502 fuhr Vasco da Gama wieder nach Indien – mit 21 schwer bewaffneten Schiffen, um einen Stützpunkt zu erobern und Handelsrechte zu erkämpfen. Mehr als 100 indische und arabische, zumeist kleinere Schiffe, stellten sich seiner Flotte entgegen. Die Portugiesen vernichteten die gegnerische Flotte fast vollständig. Danach wurde verhandelt und es gelang schließlich, den Widerstand der indischen Fürsten gegen die Portugiesen zu überwinden.

Wer umsegelte als Erster die Erde?

Im September 1519 stach Ferdinand Magellan in See. Obwohl er selbst auf den Philippinen von Insulanern getötet wurde, gilt seine Expedition als erste Umrundung der Erde.

Galileo Galilei erforscht die Sterne

Galileo Galilei lebte vor 400 Jahren in Italien. Er war Mathematiker und Astronom. Seine Entdeckungen am Himmel haben ihn berühmt gemacht. Auf der Erde wäre er wegen dieser Entdeckungen fast mit dem Tode bestraft worden. Was heute jedes Kind über Sonne, Mond und Sterne weiß, durfte man damals nicht laut sagen.

Aber der Reihe nach.
Galileo Galilei wurde im Jahr 1564 in Pisa geboren. Er war ein begabter Junge und sein Vater entschied, dass er Arzt werden sollte. Schon mit 15 Jahren studierte er Medizin an der Universität Pisa. Viel spannender fand er aber Mathematik und Physik. Nach wenigen Jahren brach er das Medizin-Studium ab und zog nach Florenz. Dort konzentrierte er sich auf seine beiden Lieblingsfächer – er studierte Mathematik und machte physikalische Experimente.

Im Alter von 25 Jahren kam Galilei zurück in seine Heimatstadt. Er wurde Lehrer für Mathematik an der Universität von Pisa und experimentierte weiter.

Man glaubte bisher, wie es der große griechische Philosoph Aristoteles vor 2000 Jahren gesagt hatte, dass schwere Gegenstände schneller zur Erde fallen als leichte. Galileis Experimente und Berechnungen ergaben aber etwas anderes.

Es wird erzählt, dass er seine Studenten und Kollegen an den Schiefen Turm von Pisa bestellte, um seine Ergebnisse zu beweisen. Während sie unten warteten, bestieg er die oberste Plattform und ließ drei Kugeln gleichzeitig hinunterfallen. Die Kugeln waren gleich groß, hatten aber unterschiedliches Gewicht: die leichteste war aus Holz, die mittelschwere aus Kupfer und die schwerste aus Gold. Obwohl die Kugeln nicht gleich schwer waren, schlugen sie zum Erstaunen der Zuschauer gleichzeitig am Boden auf. Das konnte doch gar nicht sein!

Ein Teil der Zuschauer rief erstaunt: „Er hat Aristoteles widerlegt!“.

Andere hielten den Versuch für einen Trick und begegneten Galilei von nun an feindselig. Bald verließ er Pisa und wurde Professor in Padua.

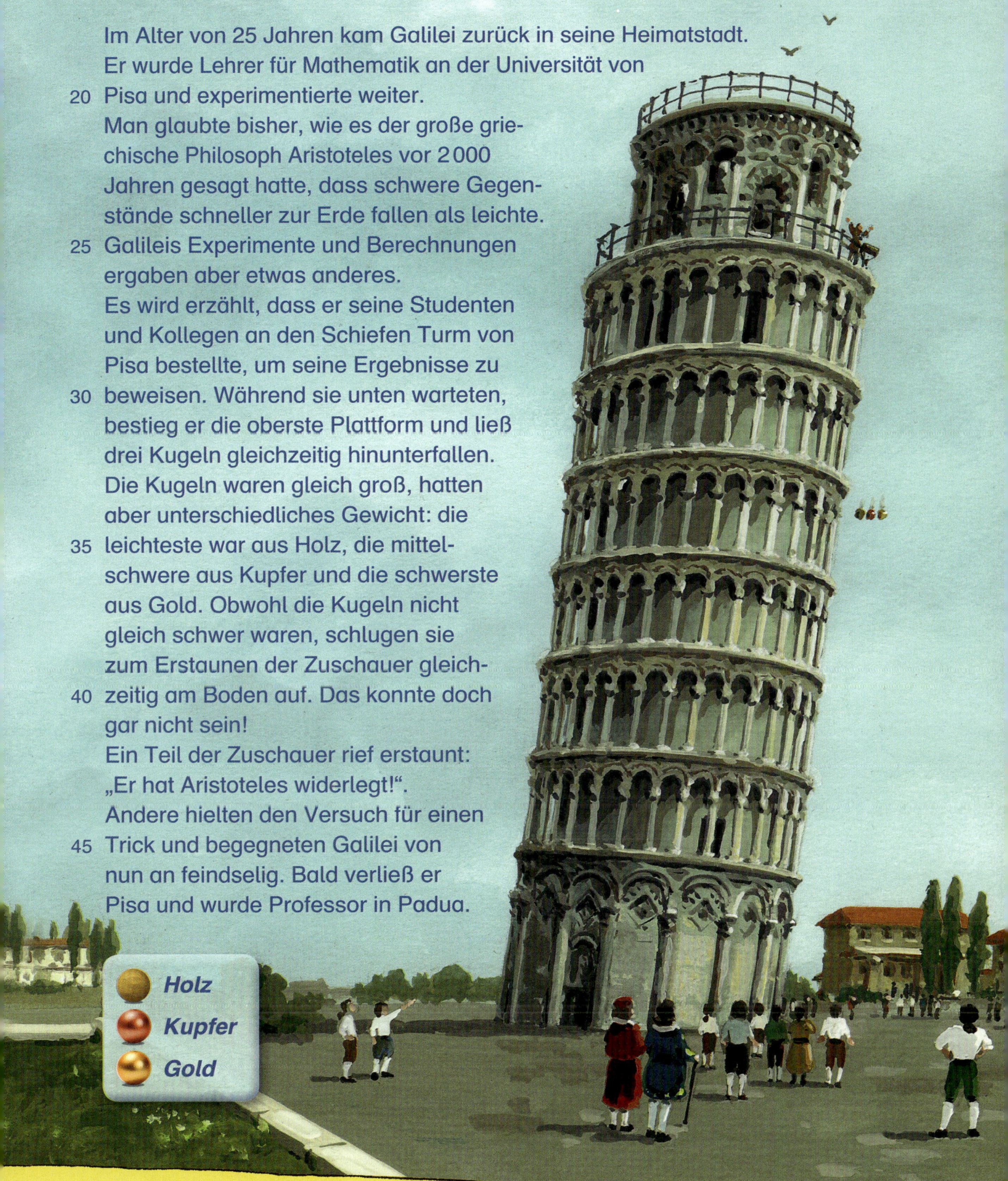

Schnell fand Galilei neue Freunde und wohnte im Palazzo des Meisters Pinelli, der auch andere berühmte Wissenschaftler und Künstler beherbergte. Dort diskutierte man frei und offen. Und eine wirklich „weltbewegende“ Frage wurde zum Thema. Vor wenigen Jahrzehnten hatte ein Astronom mit Namen Nikolaus Kopernikus erkannt, dass sich die Erde zusammen mit den anderen Planeten in kreisförmigen Bahnen um die Sonne bewegt. Bisher hatte man geglaubt, dass die Erde der Mittelpunkt des Weltalls sei – wie es in der Bibel steht – und dass die Sonne, der Mond und die Sterne am Himmel um die Erde kreisen. Die neuen Erkenntnisse über die Himmelskörper überzeugten Galilei und seine Freunde. Sie wollten durch weitere Beobachtungen noch mehr über sie erfahren.

Erforschungen am Himmel gingen aber auch den Papst und die Bischöfe etwas an. Die Kirche erlaubte nicht, dass das, was in der Bibel steht, in Frage gestellt wird. Sie beharrte auf der alten Vorstellung von der Erde als Mittelpunkt des Weltalls. Wer eine andere Meinung vertrat, war ein „Ketzer“ und wurde von einem Kirchengericht mit dem Tode bestraft. So ging es Pater Giordano Bruno, der früher auch ein Gast im Palazzo von Meister Pinelli war. Aus Angst vor einer solchen Strafe sprach Galileo Galilei in der Öffentlichkeit nicht von dem, was er über die Himmelskörper wusste. Aber er forschte weiter.

Als er gerade wieder einmal Freunde in Venedig besuchte, erfuhr er eine große Neuigkeit. In Holland hatten Glasschleifer ein Rohr gebaut, mit dem man weit entfernte Dinge ganz nah sehen konnte. Ein Händler hatte das fantastische Instrument sogar der Republik Venedig zum Kauf angeboten. Wie funktioniert so ein Fernrohr? Augengläser für Weitsichtige (die Linsen sind in der Mitte dicker als am Rand) hatten schon die Araber im 11. Jahrhundert erfunden. Brillen für Kurzsichtige (die Linsen sind am Rand dicker als in der Mitte) gab es noch nicht lange. Holländische Glasschleifer hatten die Idee, zwei solch unterschiedliche Linsen zu kombinieren, um ein Fernrohr zu bauen. Galileo machte sich sofort ans Werk. Er montierte Gläser mit unterschiedlichen Wölbungen in ein Rohr. Nach etlichen Versuchen funktionierte sein erstes, eigenes Fernrohr. Um den Holländern zuvorzukommen, fuhr er sofort wieder nach Venedig und führte sein Fernrohr dem versammelten Großen Rat vor.
Es stieß vor allem bei den Kommandanten der Flotte auf großes Interesse. Damit konnte man weit entfernte Schiffe auf dem Meer entdecken, ein Vorteil bei kriegerischen Auseinandersetzungen.

Galilei verdiente gut mit dem Verkauf seiner Fernrohre. Er testete weiter neue Linsen und verbesserte das Gerät immer mehr. Sein wichtigstes Thema war dabei die Beobachtung der Gestirne geblieben. Immer schärfer wurde das Bild vom Mond. Er konnte tiefe Krater und hohe Berge entdecken.
Er sah auch, dass das helle Band am Nachthimmel, die Milchstraße, aus Millionen von Sternen besteht.

Die größte Überraschung bot ihm der Blick zu dem Planeten Jupiter. Er sah bei ihm vier kleine Sterne. Sie blieben aufgereiht wie auf einer Perlenschnur, standen aber in den folgenden Nächten an einer anderen Stelle als zuvor. Manchmal waren nur zwei oder drei zu sehen. Das mussten Monde des Riesenplaneten sein. Galilei fasste seine Beobachtungen in dem Buch „Der Sternenbote“ zusammen und widmete es seinem Landesherrn Cosimo de Medici, Herzog der Toskana. Die Jupitermonde nannte er zu Ehren der Fürstenfamilie „Mediceische Sterne“.

Galilei wurde an den Hof nach Florenz gerufen. Er erhielt ein fürstliches Gehalt und wurde mit den Ehren eines Hofmathematikers ausgestattet. Hier konnte er sich in aller Ruhe um seine Forschungen kümmern. Er gründete eine Familie. Mit seiner Frau Maria hatte er zwei Töchter und einen Sohn.

Galilei war in Florenz ein berühmter Mann geworden und stolz darauf. Nun wollte er auch in Rom und beim Papst Anerkennung finden. Mit seinem Erfolg wuchs jedoch die Anzahl der Neider und der Gegner. Sie forderten immer lauter, Galilei vor das oberste Kirchengericht zu bringen: „Er behauptet, dass sich die Erde um die Sonne dreht.“ „Er zeigt den Menschen Sterne, die es nicht gibt.“ „Er macht sich der Ketzerei schuldig!“

Es durfte einfach nicht sein, dass dieser Mensch mit seiner Mond- und Planetenforschung die Lehre der Kirche in Frage stellte. So wurde Galileo Galilei nach Rom geladen und angeklagt.

Galilei wurde tagelang verhört. Man drohte ihm mit Folter und mit der Todesstrafe. Er sollte öffentlich erklären, dass seine Behauptung, die Erde und die Planeten drehten sich um die Sonne, falsch ist, ketzerisch und ungehorsam gegenüber der Kirche. Aus Angst vor dem Todesurteil tat Galilei, was man von ihm wollte, und widerrief seine Erkenntnisse. So blieben ihm Todesstrafe und Kerkerhaft erspart, aber seine Bücher wurden verbrannt und er stand künftig unter Hausarrest.

Seine letzten Jahre verbrachte Galilei in seinem Landhaus bei Florenz. Er hatte seit längerem Probleme mit seinen Augen. 1638 erblindete er vollständig, weil er anfangs ohne ausreichenden Schutz Sonnenbeobachtungen gemacht hatte.
Galileo Galilei starb am 8. Januar 1642 im Alter von 78 Jahren. Ein feierliches Begräbnis mit prunkvoller Grabstätte, wie es sein Landesherr Herzog Cosimo de Medici vorgesehen hatte, wurde von der Kirche verboten.

Das Grabmal von Galileo Galilei findet man heute in der Kirche Santa Croce in Florenz.

Im Jahr 1979 ließ der Papst den berühmten Fall Galileo Galilei noch einmal prüfen. Wenige Jahre später war die Überprüfung beendet und das damalige Urteil wurde aufgehoben. Galilei bekam 1992 – nach über 300 Jahren – doch recht. Er soll sogar ein Denkmal im Vatikan erhalten.

Die vier Jupitermonde heißen heute Galileische Monde – Io, Europa, Ganymed, Kallisto.

Zwischen 1995 und 2003 umkreiste die Raumsonde „Galileo“ den Riesenplaneten Jupiter und erweiterte das Wissen über ihn und seine größten Monde.

1. Schätze des Orients, S. 92 – 97

Marco Polo, S. 92

a) Wer war Marco Polo?
Wodurch wurde er in ganz Europa berühmt?

b) Was erschwerte ab 1350 den Handel mit Indien und China?

c) Wie viel Gold musste man damals in Venedig für ein Kilo Seide bezahlen?

Heinrich der Seefahrer und Bartolomeu Diaz, S. 93

a) Welches Ziel wollte der portugiesische König verwirklichen?

b) Welche Experten versammelte er an seinem Hof?

c) Wie hieß der Kapitän, der als erster die Südspitze Afrikas erreichte?

d) Erläutere die Zeitleiste unter dem Text.

Kolumbus segelt nach Westen, S. 94/95

a) Von Europa aus liegt Indien im Osten. Warum segelt Kolumbus nach Westen?

b) Wer rüstete Kolumbus mit Schiffen und Matrosen aus?

c) Wie benannte Kolumbus die von ihm entdeckten Inseln und deren Einwohner?

d) Kolumbus erreichte ohne es zu ahnen die Ostküste eines neuen Kontinents.
Wie kam es zu dem Namen „Amerika"?

Vasco da Gama, S. 96/97

a) In wessen Diensten stand Vasco da Gama?
b) Vasco da Gama wollte mit den indischen Händlern im Hafen seine Waren tauschen. Gelang das?
c) Die Portugiesen wurden von dem indischen König in der Residenz empfangen. Wie verlief diese Audienz?
d) Die Südspitze Afrikas heißt „Kap der Guten Hoffnung". Wie kam es zu dieser Bezeichnung?

2. Galileo Galilei erforscht die Sterne, S. 98 – 103

a) Was waren Galileo Galileis Lieblingsfächer während des Studiums in Florenz?
b) Was bewies sein Experiment mit den drei Kugeln am Schiefen Turm?
c) Nikolaus Kopernikus hatte eine „weltbewegende" Entdeckung gemacht. Formuliere sie in einem kurzen Satz.
d) Galileo Galilei verbesserte das Fernrohr weiter. Welche Entdeckung machte er damit am Jupiter?
e) Wie zuvor Giordano Bruno wurde auch Galileo Galilei der Ketzerei angeklagt. Warum entging er der Todesstrafe?

Potilla

Potilla und ihr Feenvolk sind überfallen worden. Zufällig sieht Arthur – er verbringt gerade Ferientage im Haus seiner Tante – dass eine dunkle Gestalt am Waldrand etwas wegwirft. Es ist ein alter Strumpf mit einer sonderbaren Puppe darin. In Arthurs Zimmer wird die Puppe lebendig. Sie ist die Feenkönigin Potilla und braucht seine Hilfe, um ihr Volk zu retten. Arthurs Cousins, es sind Zwillinge, halten Potilla für eine automatische Puppe und holen sie heimlich aus seinem Zimmer.

Potilla saß mit einem Puppenlächeln auf dem Teppich und ein Zwilling presste seinen Finger auf ihren Kopf. „Das verdammte Ding funktioniert nicht!“, schimpfte er. Sein Bruder schob ihn zur Seite. „Lass mich mal.“ Da bemerkten sie Arthur an der Tür.

„Hallo, Arthur“, sagte Micky. „Wir haben sie nur mal ausgeliehen.“
„Gebt sie sofort her!“, sagte Arthur.
„Tun wir nicht!“, sagte Micky. „Jetzt spielen wir mit ihr.“
Donald quetschte seinen Finger auf Potillas Kopf. Sie lächelte weiter.
„Lass das!“, sagte Arthur. „Sie funktioniert nur bei mir.“
„Blödsinn!“ Micky stand auf und guckte verächtlich auf Arthur herab.
„Wetten?“ Arthur ging hin und beugte sich über Potilla.

Potillas Lächeln war wie weggewischt. Sie guckte sehr ärgerlich. Arthur packte die Fee und ging ein paar Schritte zurück zur Tür. Das hatten seine Cousins nicht erwartet. Arthur machte noch einen Schritt weiter zur Tür. Sofort versperrte Donald ihm den Weg, Micky baute sich vor ihm auf.
„Gib die Puppe her oder du bekommst mörderischen Ärger!“, sagte Micky.
„Nein!“, stieß Arthur hervor.
„Gib sie her oder wir verhauen dich!“, sagte Micky und griff nach ihr.

Da hob Potilla die Arme. Erschrocken wich Micky zurück. „He, was hast du?“, fragte sein Bruder hinter Arthurs Rücken. Dann hörten sie Potilla raunen:

„Tote Dinge, sollt euch regen,
Durch Potilla euch bewegen!
Leben spürt ihr heute Nacht
Nur durch meine Feenmacht!“

Jetzt brach ein Höllensturm los. Micky fuhr herum und sah die Truppen des Kinderzimmers auf sich zukommen. Ratternd, knatternd und scheppernd rollten, watschelten und schlingerten Panzer und Geländewagen, Roboter und Spacecars von ihren Regalen herunter. Sie schnarrten und holperten von allen Seiten auf ihre Besitzer los. In irgendeiner Schublade stimmte ein Lachsack sein höhnisches Gejohle an. Micky versuchte die durchgedrehten Apparate anzuhalten, aber es gelang ihm nicht. Entsetzt lugte Donald hinter Arthurs Rücken hervor.

Arthur strahlte, triumphierend sah Potilla ihn an. Dann hob sie die Arme und es wurde totenstill. Das Gesicht der Fee war wie aus Eis; ihre Blicke waren wie nadelspitze Eissplitter. Langsam drehte sie den Kopf und starrte erst Micky, dann Donald an. „Das ist ’ne Hexenpuppe“, flüsterte Donald und stolperte rasch zu seinem Bruder.

Arthur machte einen Schritt zurück und fühlte die Türklinke in seinem Rücken. „Das war’s dann“, sagte er. Ohne sich umzudrehen, schlüpfte er mit Potilla aus dem Zimmer.

Cornelia Funke

Baron von Münchhausen: Das Pferd auf dem Kirchturm

Es war ein langer und schneereicher Winter, als ich zu meiner ersten Reise nach Russland aufbrach. Glaubt nicht, dass ich gerne friere und mir deshalb diese Jahreszeit für mein Vorhaben ausgesucht hätte. Der Grund ist einfach der, dass Russland mit seinen vielen Flüssen und Seen im Winter besser zu bereisen ist, weil alles zugefroren ist. Man reitet einfach der Nase nach und querfeldein, ohne einen Gedanken daran zu verschwenden, ob man den richtigen Weg gewählt hat.
Außerdem vermeidet man die sommerliche Mückenplage dort und den Staub auf den Straßen, der einen dauernden Hustenreiz verursacht, sodass man nicht recht vorwärts kommt. Natürlich ritt ich auf meinem bewährten Leibross, das mir schon oft ein treuer Begleiter gewesen war.

Bevor ich nun meine Geschichte erzähle, gebe ich euch einen guten Rat: Wenn ihr irgendwann nach Russland reist, dann zieht euch warm an! Es ist in der Tat sehr kalt dort, erst recht durch den eisigen Wind, der ungehindert über die flache Landschaft bläst. Ich betone das, weil ich damals nicht die passende Kleidung gewählt hatte.
Bis auf die Knochen frierend musste ich an jenem Tage Stunde um Stunde reiten und konnte kaum noch einen klaren Gedanken fassen. Je länger ich ritt, desto dunkler wurde es. Nirgendwo war das Licht einer Herberge zu sehen – nur weite, öde Schneelandschaft rings um mich her.

Ich war entsetzlich müde, mein Pferd auch. Es war so kalt, dass der Atem des braven Tieres in der Luft gefror. Als ich mitten im Schnee eine kleine Vertiefung entdeckte – das war in diesem Falle ein gemütliches Plätzchen – band ich mein Pferd an einen dünnen Pfahl, der aus dem Boden ragte, und legte mich hin. In meinen allzu leichten Reitermantel eingehüllt, fiel ich in erschöpften Schlaf.

Ihr werdet nicht glauben, was dann passierte.
Am nächsten Morgen wachte ich erholt und ausgeruht auf. Aber wo war ich? Erst glaubte ich zu träumen! Ich lag doch tatsächlich mitten auf einem Friedhof. Weit und breit war kein Schnee mehr zu sehen. Die Kälte war aus meinen Knochen gewichen. Munter sprang ich auf und schaute mich um nach meinem Pferd. Es war weg. Dabei hatte ich es doch neben mir angepflockt.

Plötzlich hörte ich ein leises Wiehern hoch über mir. Ich blickte empor. Da hing es, mein treues Pferd, an der Kirchturmspitze, und zappelte. Aber wie um alles in der Welt war es denn da hinaufgekommen? Nur langsam begriff ich, was geschehen war.

Das Dorf mitsamt der Kirche war unter einer Schneedecke gelegen. Während ich schlief, war der Schnee nach und nach weggeschmolzen. Sanft wie auf Engelsflügeln war ich zur Erde geglitten.

Mein Pferd aber nicht! Der Pfahl, an den ich es gebunden hatte, war die Spitze des Kirchturms.

Was war zu tun? Ohne lange Überlegung zog ich eine meiner Pistolen, die ich auf Reisen immer bei mir führte. Ich legte an, zielte und traf den Halfterstrick des Pferdes.

Mein guter Gaul landete auf seinen vier Beinen und stand im nächsten Augenblick gesund und munter neben mir.

Ich schwang mich in den Sattel und setzte meine abenteuerliche Reise fort.

Rumpelstilzchen

Es war einmal ein Müller, der war arm, aber er hatte eine schöne Tochter. Nun ergab es sich, dass er mit dem König sprechen konnte. Der Müller machte sich wichtig und sagte: „Ich habe eine Tochter, die kann Stroh zu Gold spinnen.“ Der König antwortete: „Das ist eine Kunst, die mir sehr gefällt. Bring deine Tochter morgen auf mein Schloss. Ich will sie auf die Probe stellen.“ Als das Mädchen zum König kam, führte er es in eine Kammer voller Stroh. Ein Spinnrad war auch da. Der König sagte: „Wenn du bis morgen früh dieses Stroh nicht zu Gold gesponnen hast, musst du sterben.“ Dann schloss er die Kammer zu und das Mädchen blieb allein.

Da saß nun die arme Müllerstochter. Sie wusste nicht, wie man Stroh zu Gold spinnen konnte, und ihre Angst wurde immer größer. Sie begann zu weinen. Da ging die Tür auf und ein kleines Männlein trat herein. Es sagte: „Guten Abend, Jungfer Müllerin, warum weinst du so sehr?“ „Ach“, seufzte sie, „ich soll Stroh zu Gold spinnen und kann es nicht.“ – „Was gibst du mir, wenn ich es dir spinne?“ – „Mein Halsband.“ Das Männlein nahm das Halsband, setzte sich ans Spinnrad und schnurr, schnurr, schnurr, dreimal gezogen, schon war die Spule voll. Es setzte die zweite Spule auf und schnurr, schnurr, schnurr, dreimal gezogen, da war auch diese voll. So ging es weiter bis zum Morgen und alles Stroh war zu Gold gesponnen.

Schon vor Sonnenaufgang kam der König. Er sah all das Gold und freute sich sehr – aber seine Gier wuchs bei diesem Anblick. Er ließ die Müllerstochter in eine größere Kammer bringen, mit mehr Stroh darin, und befahl: „Wenn dir dein Leben lieb ist, musst du bis zum Morgen auch dieses Stroh zu Gold spinnen!“
Das Mädchen wusste sich nicht zu helfen und weinte. Wieder ging die Tür auf, das kleine Männlein erschien und sprach: „Was gibst du mir, wenn ich dir das Gold spinne?“ – „Meinen Ring vom Finger.“
Das Männlein nahm den Ring und ließ das Spinnrad schnurren. Bis zum Morgen war alles Stroh zu glänzendem Gold geworden.

Der König freute sich über alle Maßen, als er das sah. Aber er wollte noch mehr Gold. Er ließ die Müllerstochter in eine noch größere Kammer bringen und sprach: „Spinne auch dieses Stroh in der Nacht zu Gold! Wenn dir das gelingt, werde ich dich heiraten und du wirst Königin.“ Insgeheim dachte er: „Sie ist zwar nur eine Müllerstochter, aber eine reichere Frau gibt es auf der ganzen Welt nicht.“

Als das Mädchen allein war, kam das Männlein zum dritten Mal und sagte: „Was gibst du mir, wenn ich dir noch einmal helfe?“ „Ich habe nichts mehr“, antwortete das Mädchen. – „Dann versprich mir, wenn du Königin wirst, dein erstes Kind.“ – Die Müllerstochter wusste keinen Ausweg. Sie versprach, was das Männlein verlangte, und schon schnurrte das Spinnrad. Als der König am Morgen kam und alles so fand, wie er es gewünscht hatte, heiratete er die schöne Müllerstochter und sie wurde eine Königin.

Nach einem Jahr bekam sie ein Kind und dachte nicht mehr an das Männlein. Aber plötzlich trat es in ihre Kammer und sagte: „ Nun gib mir, was du versprochen hast!“ Die Königin erschrak furchtbar und bot ihm alle Schätze des Reiches an. „Nein“, sagte das Männlein. „Ich will etwas Lebendes haben!“ Darüber jammerte und weinte die Königin so sehr, dass das Männlein Mitleid hatte. „Gut“, sagte es, „drei Tage lasse ich dir Zeit. Wenn du bis dahin meinen Namen weißt, sollst du dein Kind behalten.“

Die ganze Nacht besann sich die Königin auf alle Namen, die sie jemals gehört hatte. Sie schickte auch einen Boten aus, der überall nach neuen Namen suchte.
Als am anderen Tag das Männlein kam, fing sie an mit Caspar, Melchior, Balzer und zählte alle Namen auf, die sie wusste. Aber jedes Mal sagte das Männlein: „So heiß ich nicht.“
Am zweiten Tag nannte sie die ungewöhnlichsten Namen, die sie im Dorf gehört hatte: Rippenbiest, Hammelswade, Schnürbein. Wieder war die Antwort: „So heiß ich nicht.“
Am dritten Tag kam ihr Bote zurück. Er hatte an einem einsamen Waldrand ein Männlein gesehen, das auf einem Bein hüpfte und schrie:
„Heute back ich, morgen brau ich,
übermorgen hol ich der Königin ihr Kind;
ach, wie gut ist, dass niemand weiß,
dass ich Rumpelstilzchen heiß!“

Die Königin war sehr froh, nun wusste sie den Namen. Als das Männlein kam, fragte sie zuerst: „Heißt du Kunz?“ „Nein.“
„Heißt du Heinz?“ „Nein.“
„Heißt du etwa Rumpelstilzchen?“
„Das hat dir der Teufel gesagt!“, schrie das Männlein und stieß mit dem rechten Fuß vor Zorn so tief in die Erde hinein, dass es bis zum Leib versank. Dann packte es vor Wut den linken Fuß mit beiden Händen und riss sich selbst mitten entzwei.

nach den Brüdern Grimm

Rumpelstilz sucht Freunde

Ach wie dumm, dass niemand weiß,
dass ich Rumpelstilzchen heiß.

Niemand schreibt mir Liebesbriefe,
niemand fragt, ob ich gut schliefe.

Niemand schreibt mir Ansichtskarten,
lädt mich ein in seinen Garten.

Niemand wünscht mir frohe Feste,
niemals kommen zu mir Gäste.

Niemals schrillt das Telefon,
so geht das seit Jahren schon.

Doch so will ich nicht verweilen,
deshalb schreib ich diese Zeilen.

Damit nun ein jeder weiß,
dass ich Rumpelstilzchen heiß.

Gerald Jatzek

Klopoteks Boxer

Motte und seine Freundin Lina sind auf dem Heimweg vom Kino. Im Dunkel einer Unterführung begegnen sie einem Hund. Helle gelbe Augen hat er wie ein Wolf. Er schnappt nach Motte und verletzt ihn. Es ist nur ein Kratzer, aber Motte merkt bald, dass sich sein Körper verändert: die Haare, die Hände, die Stimme, die Augen. Bald würde er aussehen wie dieser seltsame Hund. Motte ist verzweifelt und verabredet sich mit Lina. Er wirft ein Laken über den Kopf und eilt nach oben zu ihrem Geheimversteck auf dem Dachboden.

Im Hausflur brannte kein Licht, aber für Mottes Wolfsaugen gab es keine Dunkelheit. Das gefiel ihm an der Sache. Sehr sogar. Lautlos huschte er die Treppe hinauf. Zweiter Stock. Dritter Stock. Da – Herr Klopotek kam mit seinem Boxer aus der Tür.

Klopoteks Boxer.

Wenn Motte sein Hecheln im Treppenhaus hörte, versteckte er sich in der Wohnung. Normalerweise. Aber heute Nacht war nichts normal. Klopoteks Boxer stand nur ein paar Schritte von ihm entfernt – und Motte hatte keine Angst.

„Aaaah!“, brüllte Herr Klopotek. „Fass, Nero, fass!“

Frau Dinkelbier steckte den Kopf aus der Tür, sah ein Gespenst – und schloss die Tür schnell wieder.

Herr Klopotek ließ die Hundeleine fallen.

Nero bleckte die Zähne, legte die Ohren an und sprang auf Motte los. An jedem Tag wäre Motte vor Angst die Treppe runtergefallen. Heute nicht. Sein Rücken krümmte sich, seine Oberlippe hob sich bebend. „Grrrrrr!“, kam es aus seiner Brust. „Rrrggggrrrr!“ Er bleckte die Zähne, sein Nackenfell sträubte sich. Seine Krallen zerfetzten das Betttuch.

Mit lautem Winseln wich der Boxer zurück und versteckte sich hinter Herrn Klopoteks Beinen. Der lehnte zitternd in der offenen Wohnungstür und hielt die Hände vor die Augen gepresst. Motte knurrte ein letztes Mal, stolperte an Herrn Klopotek und seinem Boxer vorbei, raste die Treppe hoch und verschwand in der offenen Dachbodentür. Er rannte auf den riesigen Kleiderschrank zu, der in der dunkelsten Ecke des Dachbodens stand. Motte riss die Tür auf, kroch durch abgetragene Wintermäntel, ausrangierte Kleider und schob den einen Teil der Rückwand zur Seite.

Da war es. Ihr Geheimversteck. Noch nie entdeckt. Motte roch Mäuse und Mottenkugeln, alte Pizza und Linas Haarshampoo. „Na endlich!“, sagte Lina. Sie saß auf dem kaputten, alten Sofa, die Füße auf einem wackeligen Tischchen. „Was soll die Verkleidung?“

„Hallo!“, sagte Motte. Er zitterte am ganzen Körper. „Kannst du vielleicht die Lampe ausknipsen?“

„Die Lampe ausknipsen? Bist du verrückt? Sonst kann es dir doch immer gar nicht hell genug sein.“ Lina nahm die Beine vom Tisch und stand auf. „Also, warum ist Alarmstufe Rot? Und was ist mit deiner Stimme los? Du klingst ja wie Frankenstein oder so was.“

„Es ist etwas Scheußliches passiert“, sagte Motte. „Aber krieg keinen Schreck, ja?“ Mit einem Ruck zog er sich das Laken vom Kopf.

Lina quietschte auf wie ein kleines Schwein. Sie griff sich den eisernen Kerzenständer, sprang aufs Sofa und schrie weiter.

Das war zu viel für Motte.

Das war einfach zu viel.

Lina sieht Mottes Verzweiflung. Sie setzt sich zu ihm. – Was war da geschehen? Wie kann Motte geholfen werden? Die ganze Geschichte kannst du im Buch „Kleiner Werwolf“ von Cornelia Funke lesen.

1. Potilla, S. 106/107

a) Potilla braucht Arthurs Hilfe. Was ist geschehen?
b) Was ereignet sich im Zimmer der Zwillinge – mit Potilla als Puppe?
   – mit Potilla als Feenkönigin?
c) Welche Rolle spielt Arthur dabei?

2. Baron von Münchhausen: Das Pferd auf dem Kirchturm, S. 108/109

a) Münchhausen hält den Winter für die beste Zeit, nach Russland zu reisen. Welche Vorteile sieht er?
b) Wo übernachtet Münchhausen mit seinem Pferd?
c) Worüber wundert sich Münchhausen am Morgen? Was ist geschehen?
d) Wie kommt er wieder zu seinem Pferd?
e) Was kann man in dieser Geschichte dem Baron von Münchhausen glauben? Was ist bestimmt gelogen?
f) Erzähle eine faustdicke Lügengeschichte.

3. Rumpelstilzchen, S. 110/112

a) Aus welchen Gründen wird die Müllerstochter ins Schloss des Königs gebracht?
b) Welche Beobachtung macht der Bote der Königin?
c) Wie reagiert das Männlein darauf, dass die Königin seinen Namen kennt?
d) „Rumpelstilzchen“ ist ein Märchen. Woran erkennst du das?

4. Rumpelstilz sucht Freunde, S. 113

a) Worüber klagt Rumpelstilz?
b) Das Rumpelstilzchen im Märchen ist ganz anders. Vergleiche.
c) Lest das Gedicht so vor, dass man seinen Kummer hört.
d) Wer es auswendig lernt, kann es wie eine kleine Theaterszene vorspielen.

5. Klopoteks Boxer, S. 114/115

a) Motte und seine Freundin Lina begegnen auf dem Heimweg vom Kino einem Hund. Was geschieht?
b) Warum verabredet sich Motte mit Lina in ihrem Geheimversteck?
c) Im Hausflur merkt Motte, wie sehr er sich schon verändert hat.
   - Was gefällt ihm dabei?
   - Wie begegnet er Klopoteks Boxer?
d) Wie verläuft das Treffen von Lina und Motte im Geheimversteck?

Papa, wann darf ich mit?

Erik muss warten, bis er neun Jahre alt ist. Jetzt endlich darf er mit seinem Vater Andreas Kieling, einem bekannten Tierfilmer, den Sommer bei den Grizzlys in Alaska verbringen. Am 31. Mai 2004 starten Vater und Sohn zum Flug Frankfurt – Anchorage. Mit einem Segelboot, das in den nächsten Monaten ihr Zuhause sein wird, segeln sie zu den Aleuten, einer Inselkette im Südwesten Alaskas.

Andreas Kieling beobachtet seit zwölf Jahren die Bären und kennt ihre Wanderwege von den Winterquartieren zu den Futterplätzen im Sommer. Nach einigen Tagen auf See erreichen Erik und sein Vater eine Lagune, die von weiten Salzgraswiesen umgeben ist. Sie leuchten bereits in kräftigem Grün. Es ist eine Lieblingsstelle Andreas Kielings zur Beobachtung der Tiere.

Kaum angekommen, sehen sie die ersten Bären. Erik stellt verwundert fest: „Die fressen ja Gras!“ Nach seiner Vorstellung hätten die gewaltigen Raubtiere wohl einen Elch reißen sollen. Man sieht den Bären an, dass sie lange geschlafen haben. Ihr Fell hängt weit und schlackernd an ihrem Körper wie ein viel zu großer Mantel. Erik fragt misstrauisch, ob die Bären nicht vielleicht doch Appetit auf ein, zwei nahrhafte Menschen hätten: „Die sind doch total ausgehungert!“ Er ist beinahe ein wenig enttäuscht, dass die „Herrscher der Küste“ sich so gut beobachten und filmen lassen.

Wenig später machen sich Vater und Sohn wieder auf die Fahrt, um bei dem Festmahl der Grizzlys dabei zu sein. Zwischen Juni und Oktober findet der Ansturm der Lachse statt. Die Fische kehren in großen Schwärmen aus dem Meer zur Mündung der Flüsse zurück, in denen sie aus dem Laich geschlüpft sind. Andreas Kieling hat die Lachswanderungen jahrelang beobachtet und notiert, wann sie in „ihren Flüssen“ ankommen. Mit einem Kanu führt er Erik an eine besonders geeignete Stelle:

Unter einem breiten Wasserfall sammeln sich viele Lachse in einem großen Becken. Nur wenige können die Barriere flussaufwärts überwinden. Weiter unten am Fluss halten sich mehrere Bären auf. Sie werfen sich ins Wasser, um die Lachse durcheinanderzuwirbeln. Anschließend greifen sie zu und halten ihre Beute zwischen den Vorderpfoten. Der Lachs wird an Ort und Stelle verschlungen, um den Leckerbissen nicht an einen Stärkeren zu verlieren.

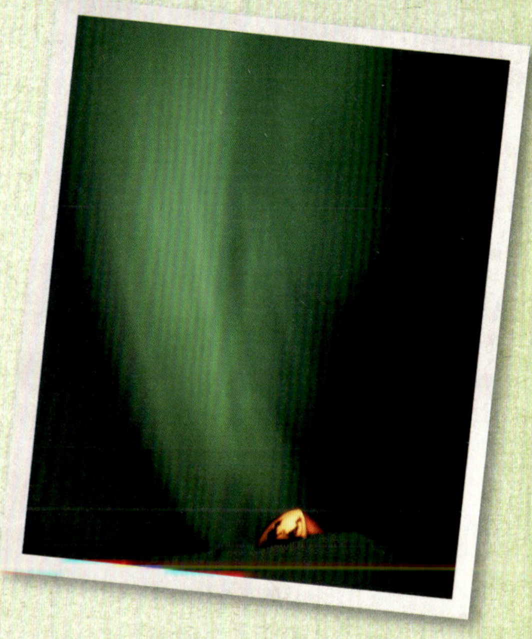

Auch Erik will sich an dem Lachsfang beteiligen – aber nicht zu nahe bei den Bären, die ihn sonst als Nahrungskonkurrenten angreifen würden. Er wirft die Angelschnur ins große Becken, die Rute biegt sich, der erste Lachs ist gefangen. Erik angelt weiter. Für die nächsten Tage sind sie mit frischem Fisch versorgt.

Als Mitte August die Tage kürzer werden und die Nordlichter über den Nachthimmel huschen, treten Vater und Sohn die Rückreise an. An einem heißen Tag Ende August landen sie in Frankfurt. Eriks erlebnisreicher Sommer bei den Grizzlybären ist zu Ende.

Mäuserettung

„Schluss!", sagte Mama. „Angeknabberte Weihnachtskugeln! Mäusekötel in meinen Gummistiefeln! Mäusekötel in den Sommersachen! Ich stell Fallen auf dem Dachboden auf."

Jette war dagegen, aber Mama stellte trotzdem Fallen auf. Jette ließ sie zuschnappen, doch Mama kam dahinter.

Am dritten Tag hatte sie die erste Maus erwischt. Ganz klein war sie, mit einem wunderschönen Fell. Jette weinte und Mama schämte sich, aber die Fallen räumte sie nicht weg.

„Wir müssen die anderen Mäuse retten!", sagte Jette, als sie mit Anne und Miriam, ihren besten Freundinnen, die Maus begrub. „Wir müssen einfach!"

Mama ließ die drei auf den Dachboden, aber nur, nachdem sie geschworen hatten, die Fallen nicht anzurühren. Den ganzen Nachmittag versuchten sie, mit Käse die Mäuse aus ihrem Versteck zu locken, aber nicht eine ließ sich sehen.

„Guckt mal, die Mäusemörderin", sagte Anne, als sie an der Küche vorbeikamen, wo Jettes Mama gerade Kartoffeln schälte. „Ich könnte nie mehr schlafen, wenn ich so eine süße Maus wegen ein paar Köteln umgebracht hätte." Jettes Mama wurde rot und brachte keinen Ton raus, nicht mal „Tschüss, Anne", aber die Fallen räumte sie trotzdem nicht weg.

Am nächsten Morgen brachte Miriam eine schmale Box mit in die Schule. „Die Falle fängt Mäuse ganz lebendig", erklärte sie. „Die Maus rennt rein, um den Speck zu holen, drückt selbst die Klappe hoch und – zack – ist sie gefangen."

„Das funktioniert nie", sagte Pit, der alles besser wusste. „Aber ich kann euch meine Katze leihen. Is' gar nicht teuer."

Die Mädchen beachteten ihn gar nicht. Nachmittags stellten sie die Lebendfalle auf Jettes Dachboden auf.

„Das nützt aber nur, wenn du die Mäusemörderin überredest, ihre Fallen wegzuräumen", sagte Anne.

Jette versuchte es.

„Okay“, sagte Mama. „Ihr habt drei Tage.“

Am ersten Nachmittag passierte nichts. Wunderbaren Speck legte Jette in die Falle. Mindestens zehnmal sahen sie nach, ob die Klappe schon zu war. Aber keine Maus ließ sich blicken. Als sie am nächsten Morgen vor dem Frühstück auf den Dachboden stieg, baumelte ein Schwänzchen aus der Drahtröhre. Vor Aufregung fiel Jette fast die Leiter runter.

„Mama! Wir haben eine!“, schrie sie und rannte mit der Falle in die Küche. „Guck mal, die kleinen Pfoten. Sieht sie nicht süß aus?“

Papa betrachtete die Maus so entzückt, dass er seine Zeitung vergaß. „Die war bei uns auf dem Dachboden?“, fragte er.

„Nicht nur die“, sagte Mama und zu Jette sagte sie: „Gut. Der Waffenstillstand wird verlängert. Aber in einer Woche müssen die Mäuse weg sein, sonst stell ich wieder meine Fallen auf.“

„Deine Fallen?“, fragte Papa.

„Todesfallen!“, raunte Jette ihm zu.

„Was tust du?“ Papa guckte Mama so entsetzt an, dass sie sich an ihrem Kaffee verschluckte.

„Sie haben die Weihnachtskugeln angeknabbert“, murmelte sie. „Und überall liegen Kötel rum.“

„Was! Die Todesstrafe für angeknabberte Kugeln und Kötel?“, fragte Papa.

Am nächsten Morgen warf Mama die Fallen in den Müll.

Papa, Jette, Miriam und Anne fingen noch neun kleine Mäuse auf dem Dachboden. Lebend natürlich. Sie brachten sie zusammen in den Wald.

„Die kommen bestimmt wieder“, sagte Mama, aber frische Mäusekötel fand sie erst vier Monate später. Und da machten sich Miriam, Anne und Jette mit Papa wieder auf die Jagd …

Cornelia Funke

Der Hase Theodor

Seit mehr als einem Jahr bewohnt der Hase Theodor einen Stall in unserem Garten. Clemens hat sich ein Häschen zu seinem sechsten Geburtstag gewünscht. Bei Nachbarn hatte er einen Hasen gesehen, der sehr viel kleiner war als alle Hasen im Wald – ein Hasenzwerg, und ganz, ganz zahm! Wir glaubten ihm erst nicht, denn wir erinnerten uns an Stallkaninchen, an mächtige, kräftige Tiere. „Ihr habt keine Ahnung", sagte Clemens. Wir hatten keine Ahnung, dass inzwischen Kaninchen auf Zwergengröße gezüchtet worden waren. Zum reinen Vergnügen. Nicht mehr, um Felle zu liefern oder in den Kochtopf zu wandern. Diese Zwergenhasen sind ein Modeartikel. So, wie es Angorakatzen oder kleine Pudel sind.

Für den Schoß und für das Zimmer.

Wir, Vater wie Mutter, sprachen uns gegen das kleine Tier aus.

Clemens war nicht abzubringen.

Dann kamen alle üblichen Elternforderungen: Du musst wirklich für das Tier sorgen! Du musst ihn täglich füttern! Du musst den Stall putzen, hörst du, Clemens. Clemens bejahte alles, und so entschlossen wir uns, eines dieser Zwergkaninchen zu kaufen.

Vor einem Jahr waren sie noch nicht so in Mode. Und ich sage „Mode“ ganz böse, weil ich finde, dass alle Modetiere eigentlich geschundene Wesen sind. Clemens musste vor dem Laden warten, denn er sollte sein Geschenk nicht vor dem Geburtstag sehen. Seine drei Geschwister und wir Eltern suchten unter vier Wollzwergen das Gewünschte aus. Es hatte kürzere Ohren als normale Hasen, kleine Löffel also, und war nicht größer als eine Hand. Ganz weiß das Fell, mit schwarzen Härchen an den Löffelspitzen und den Vorderpfoten, und rote, ein wenig dumm glotzende Äuglein. Wir fanden es lieb. Der Händler erläuterte uns, dass das Tierchen weder Wasser noch Milch braucht. Alle Nager nehmen die nötige Flüssigkeit mit den Gemüsen auf, die sie täglich in großen Mengen verzehren.
Clemens war entzückt. Wir suchten verzweifelt nach einem Namen und fanden, „Theodor“ wäre eigentlich schön. Der Name ist ein bisschen größer als der Hase, aber er hat sich an ihn gewöhnt. Wir uns auch.
Die Gewöhnung jedoch brachte es mit sich, dass Clemens das Tier in seinem Stall bald vergaß. Er sagte zwar: „Mein Theodor …“ Für den Hasen war das keine Hilfe, denn er vergaß, ihn zu füttern. Sein ältester Bruder, der Fabian, putzt den Stall alle zwei Wochen und ich, sein Vater, lasse Theodor den nötigen Auslauf. Nur die dreijährige Sophie geht jeden Morgen zum Stall und guckt, ob es dem Theodor gut geht. Da sie ihm aber nur selten Salat oder Karotten bringt, hilft es dem Theodor wenig.

Ich finde es ohnehin schlimm, dass es diese auf Handgröße gezüchteten Wesen gibt. Was helfen uns Hunde, die in Blumenvasen passen? In früheren Zeiten hatten Hunde die Pflicht, zu jagen oder zu wachen. Heute beißen sie allenfalls den Briefträger oder müssen zum Tierarzt, weil sie mit den Nerven herunter sind.

Zum Beispiel Theodor: Wenn wir ihn ins Wohnzimmer holen, damit er herumrennen kann, schlägt er jede Minute einen Haken, weil er eben ein Hase ist. Doch er schlägt diese Haken ohne Sinn. Kein Fuchs jagt hinter ihm her. So wird der Haken zum bloßen Kunststück, über das sich Kinder wie der Clemens freuen. Theodor ist zum Artisten geworden, zum dummen August. Ich muss zugeben, dass mich dies alles zornig macht.

Die Geschichte hat ein bitteres Ende.

Der Theodor hat eigentlich Fürsorge genug, doch er ist zu dumm, ein lebenstüchtiger Hase zu sein. Allen Nagern wachsen die Zähne über die normale Größe hinaus, wenn sie sich nicht täglich an harten Gegenständen „verbeißen“. Theodor hat es eine Weile getan, bis er es vergaß. Dann begannen ihm die Vorderzähne zu wachsen, über die kleine Schnauze hinaus, wurden länger und länger. Morgen gehen wir zum Tierarzt, der sie vermutlich abzwicken wird. Schon jetzt kann Theodor kaum noch fressen. Er ist ein nettes Spielzeug geworden und hat deshalb vergessen, dass er ein Nagetier ist. Jetzt können ihm nur die Menschen noch helfen. Die Menschen, die früher die Feinde des Hasen waren. Im Grunde sind sie es noch immer.

Peter Härtling

Der Löwe und das Mäuschen

Ein Mäuschen lief hin und her und über die Pranken eines schlafenden Löwen. Davon erwachte er. Verärgert packte der Löwe das Mäuschen mit seiner gewaltigen Tatze und erdrückte es fast.

„Verzeih mir“, flehte das Mäuschen und piepste: „Ich habe dich nicht stören wollen. Ich hätte vorsichtiger sein müssen. Bitte schenke mir mein Leben. Ewig will ich dir dafür dankbar sein und alles für dich tun, was ich kann.“

Da musste der mächtige Löwe lachen: „Was kannst du kleines Mäuschen jemals für einen Löwen tun!“ Aber er lockerte den Griff seiner Pranke und schenkte dem winzigen Störenfried großmütig die Freiheit.

Kurze Zeit darauf hörte das Mäuschen in seinem Loch ein fürchterliches Löwengebrüll. Neugierig lief es heraus und sah, dass der großmütige, mächtige Löwe in einem Netz gefangen war. Es fesselte ihn so eng, dass er sich nicht befreien konnte. Das Mäuschen machte sich sofort ans Werk und zernagte ein Fangseil. Das Netz lockerte sich. Nun konnte es der Löwe mit seinen Tatzen zerreißen – und war frei.

Auch Kleine können Großen helfen, sie dürfen nicht verachtet werden.

nach Äsop

1. Papa, wann darf ich mit?, S. 118/119

a) Suche auf der Karte: Alaska – Anchorage – Aleuten
b) Mit neun Jahren darf Erik seinen Vater begleiten. Welchen Beruf übt Andreas Kieling, sein Vater, aus?
c) Warum ist Erik bei der ersten Begegnung mit den Bären ein wenig enttäuscht?
d) Die Zeilen 20 – 36 beschreiben den Zug der Lachse. Schreibe Stichwörter heraus und erzähle vor der Klasse.

2. Mäuserettung, S. 120/121

a) Die Mutter stellt Fallen auf. Welche Gründe nennt sie?
b) Jette will die Mäuse retten. Was schlägt sie vor? Wie reagiert ihre Mutter?
c) Was veranlasst die Mutter, ihre Fallen in den Müll zu werfen?
d) Mäusekötel sind unangenehm und können sogar Krankheiten verursachen. Nenne weitere Beispiele, wo Tiere in Wohngebieten die Menschen belästigen.

3. Der Hase Theodor, S. 122 – 124

a) Lies die Seite 122. Clemens wünscht sich ein Zwergkaninchen. Worin unterscheidet es sich von Hasen und Stallkaninchen?
b) Was fordern die Eltern von Clemens?
c) Lies die Seite 123. Die Geschwister und die Eltern suchen ein junges Zwergkaninchen aus. Beschreibe es.
d) Clemens ist begeistert. Wie verhält er sich einige Zeit später?
e) Lies noch einmal die Zeilen 9 – 11, 18 – 19 und dann 39 – 40. Was macht den Vater zornig?
f) Lies die Geschichte zu Ende. Welche Erfahrungen mit dem Zwergkaninchen bestärken den Vater in seiner Einstellung zu Modezüchtungen von Haustieren?
g) Tierschützer setzen sich dafür ein, Tierdressuren im Zirkus zu verbieten. Wie denkst du darüber?

4. Der Löwe und das Mäuschen, S. 125

Aesop lebte vor 2500 Jahren in Griechenland. Sein Werk ist nur in späteren Überarbeitungen erhalten. In seinen Fabeln sprechen und handeln Tiere. Sie stehen für Menschen. Am Schluss wird ein Rat zum rechten Handeln gegeben: die Moral von der Geschichte.

a) Lies die Fabel und male einen Comic.
b) Welche gegensätzlichen Eigenschaften der Fabeltiere kommen zur Sprache? Ordne in einer Tabelle:
winzig, überheblich, ängstlich, wütend, unvorsichtig, mutig, ärgerlich, schlau, mächtig, großmütig
c) Die Fabel handelt von einem Starken und einem Schwachen. Übertrage die Moral auf einen Vorfall, der dir selbst oder jemandem aus deiner Klasse passiert ist.

Wenn dich ein Löwe nach der Uhrzeit fragt

Temeos Vater ist der Geologe Dr. Kirschstein aus Deutschland. Temeo sagt *Mister King* zu seinem Vater, denn in dieser Gegend von Tansania ist Dr. Kirschstein geachtet und bekannt als der „König der Steine“. Er sucht dort mit seinen Arbeitern nach Edelsteinen. Temeos Mutter – seine *Mama Masiti* – ist Masiti Mlenga Kapunga aus Tansania. Sie betreibt eine kleine Hühnerfarm und der 12-jährige Temeo muss mithelfen. Eigentlich heißt er Thomas, Thomas Kirschstein, aber seine Mutter ruft ihn immer Temeo – und fast jeder andere auch.

Temeo rupft gerade ein Huhn. Das kann keiner so fix und ordentlich wie er. Mama Masiti verkauft die fertigen Hühner auf dem Markt. Plötzlich hört er ein wildes Durcheinander und Geschrei. Temeo unterbricht seine Arbeit, auch Mama Masiti eilt herbei. Ein Unglück ist geschehen. Temeos Vater ist in der Edelstein-Grube gestürzt und wird – schwer verletzt – ins Haus getragen. Der Arzt kommt. Er wird noch viele Male kommen und Mama Masiti muss Geld leihen, um für seine Besuche zu bezahlen.

Sie beauftragt Temeo mit diesem Bittgang zu Freunden und Bekannten. Es ist nicht so wie bei eiligen Aufträgen von Mama Masiti. „Dann bleibst du am besten nirgendwo stehen. Egal ob da eine Schlange über den Weg kriecht. Oder dich ein Löwe nach der Uhrzeit fragt.“ Nein, eilig muss Temeo den Auftrag nicht ausführen, aber klug und geschickt.
Temeo macht sich auf den Weg in ungewohnter „Gockel-Kleidung“. Mama Masiti hat sie auf dem Markt gekauft.

Temeo erzählt

Ich weiß nicht mehr, warum ich zuerst zu Mr. Christofer nach Udjidji ging. Es war ein schöner Weg, aber schon nach hundert Metern waren die neuen Schuhe verstaubt. Mama Masiti hatte daran gedacht und mir einen Lappen in die Hosentasche gesteckt. Ich war erst vor zwei Wochen mit Mister King dort gewesen, zu einem Besuch auf der landwirtschaftlichen Versuchsstation. Wo sie neue Pflanzen ausprobieren. Dieser Mister Christofer kam aus der Schweiz, Papa kannte ihn gut. Sie hatten sich unterhalten und laut gelacht.

Heute wäre ich beinahe nicht lebend in Udjidji angekommen. Plötzlich stürmte nämlich eine Herde Watussi-Ungeheuer um die Ecke. Braune Ungetüme mit riesigen Hörnern. Als sie auftauchten, waren sie schon so nah, dass ich ihr Schnauben nicht nur hören, sondern auch spüren konnte. Diese Viecher weichen keinen Millimeter aus. Gerade noch rechtzeitig konnte ich mich in ein Maisfeld werfen. Du kannst dir vielleicht vorstellen, wie danach meine neue Jacke aussah.

Nach drei Stunden kam ich ziemlich schlecht gelaunt in Udjidji an. Ein Schwarzer in Uniform stand an der Zufahrt zur Versuchsstation.
„Wo willst du hin? Hier kommt keiner rein!“
Ich ärgerte mich, weil er so herablassend sprach.
„Mach Platz! Mister Christofer erwartet mich. Habe ich mich verständlich ausgedrückt?“ Ich zog demonstrativ meine Jacke aus und schüttelte sie, doch der Schmutz saß zu tief.
„Was willst du von ihm?“
„Privatsache“, sagte ich. Er sollte nicht glauben, er hätte einen beliebigen schwarzen Jungen vor sich. „Was ist nun? Zeig mir sein Haus!“
Endlich wies er mit der Hand auf ein altes Kolonialgebäude. Es stammte noch von den Deutschen, die sich hier früher breit gemacht hatten.
Ich gab mir Mühe, lässig zu gehen. In Wahrheit fiel mir das Herz in die Hose, wenn ich an meinen Auftrag dachte.

Mister Christofer und eine schwarzhaarige Weiße saßen auf der Veranda.
Jetzt war es wichtig, ganz sicher aufzutreten.
„Na, was willst du von uns, mein Junge? Hab ich dich nicht schon mal hier gesehen?“ Ich streckte dem Mann meine Rechte hin und gab der schönen Frau mit einer leichten Verbeugung die Hand. Das war schon mal nicht schlecht, dachte ich.
„Ich bin Thomas Kirschstein aus Kigoma“, sagte ich. „Ich würde gern etwas mit ihnen bereden.“ „Setz dich“, sagte die Frau, „ich heiße Susanna.“ Ich bekam Limonade und Kuchen, den ich heißhungrig aß. Jetzt musste ich zur Sache kommen.

„Doktor Kirschstein, mein Vater, ist in der Grube verunglückt.“
„Wir haben davon gehört. Ist er schlimm verletzt?“
„Es ist verdammt schlimm“, sagte ich. Ich lehnte mich lässig zurück und schlug ein Bein über das andere. „Doktor Mazumdar kommt jeden Tag. Und so ein Arzt – na, Sie wissen schon!“ Die beiden sahen mich verständnislos an. „So ein Arzt kostet eine Menge“, sagte ich. „Nimm noch ein Stück Kuchen“, sagte die Frau, als hätte ich nichts gesagt.
Hatte ich etwas falsch gemacht?
„Der Arzt kommt also jeden Tag?“, fragte der Mann, der sehr nett aussah, aber nicht so toll wie seine Frau. „Jeden Tag“, sagte ich, „und er kostet was.“ Warum verstanden sie mich nicht? Ich hatte keine Ahnung, wie ich weitermachen sollte.

Jetzt stand der Mann auf, sagte ein paar Worte in seiner Sprache zu seiner Frau und ging ins Haus. Ich saß mit ihr allein. Ich hatte keine Übung darin, mit schönen weißen Frauen zu reden. Ob ich sie auf Geld ansprechen sollte? Mister Christofer kam zurück. „Ich bring dich dann mal zum Ausgang“, sagte er. Was blieb mir übrig, als mich zu erheben?

Ich gab der Frau die Hand. „Wie nennt dich deine Mutter?“, fragte sie unvermittelt. „Temeo“, sagte ich und ärgerte mich sofort darüber. „Also, alles Gute, Temeo. Und alle guten Wünsche für deinen Vater!“ Sie lächelte auf eine Weise, die mich verunsicherte.

Auf dem Weg zum Ausgang redete Mister Christofer von Fruchtfolgen, von Erbsen und Bohnen, Tee und Wasserpumpen. Ich aber suchte verzweifelt nach Worten, mit denen ich ihn unterbrechen konnte. Ich war drauf und dran, meinen Auftrag zu verpatzen.

Mister Christofer streckte mir seine große Hand hin. „Mach’s gut, Temeo. Grüße Mama Masiti. Und deinen Vater.“

Ich fühlte mich wie die letzte Nulpe. Was sollte ich sagen?

„Und gib diese Kleinigkeit deiner Mama“, sagte er, gab mir einen Umschlag, lächelte und drehte sich um. Als ich außer Sichtweite war, riss ich den Umschlag auf. Es waren Dollars, eine ganze Menge sogar!

Der Rückweg war komischerweise kürzer. Wenn einem so unerwartet etwas Schwieriges gelingt, fühlt man sich so, dass man vor sich hin lächelt. Das kennst du sicher. Ein bisschen wie ein Held.

Hermann Schulz

Mehr über Temeos Abenteuer erfährst du in dem Taschenbuch „Wenn dich ein Löwe nach der Uhrzeit fragt“ von Hermann Schulz.

DER MENSCHENFRESSER

Am Rande unserer Stadt gibt es ein Neubaugebiet, das die Leute im alten Teil der Stadt nicht mögen. Sie behaupten: In den Hochhäusern gibt's viele Kriminelle. Wenn sie schimpfen, denke ich an Michis Menschenfresser.

Michi war damals mein bester Freund. Einmal durchstreiften wir nach der Schule die Kleingärtneranlage – sie lag dort, wo jetzt die Hochhäuser stehen. Vor einem Platz voller Unkraut, Müll und verrosteter Bettgestelle hielt Michi an. „Weißt du, was? Das wird *unser* Garten. Einen Zaun haben wir schon." Wir rammten die Bettgestelle in die Erde. Dann legten wir den Müll auf einen Haufen und verbrannten ihn.

Am nächsten Tag kamen wir wieder. Wir gruben und hackten, als ein Mann den Hauptweg herunterschwankte. „Der ist sternhagelvoll", flüsterte Michi. Der Mann blieb stehen. „Was … was macht ihr denn hier?" Er war riesig und sah wüst aus. Sein Gesicht war zerklüftet, sein Anzug schmutzig und sein linker Ärmel leer. „Wir legen einen Garten an", sagte Michi. Der Betrunkene zog die Schultern hoch und wankte weiter.
„Ein Menschenfresser", meinte Michi. Ich sah dem Mann nach.
Er ging in den Nachbargarten.

Am Tag danach stand unser Zaun nicht mehr.
„Das war der Menschenfresser", sagte Michi und trat gegen den Zaun des Nachbargartens. Wir stiegen drüber und spähten ins Gartenhäuschen. Da lag er und schlief, neben ihm eine Flasche Schnaps. Auf dem Türschild stand *Karl Kaluweit*. Michi zischte: „Dem zeigen wir's!" und schlich ums Haus. Ich folgte ihm zögernd. Der Mann konnte jeden Moment aufwachen. Was war Michis Plan? …

Plötzlich spürte ich eine Hand im Nacken – der Menschenfresser! „Loslassen!“, schrie ich in höchster Angst, aber die Hand hielt mich fest. Michi stürzte davon.

„Erst einbrechen und dann schreien!“ Die Stimme des Menschenfressers klang heiser, aber nicht unfreundlich. „Was wolltet ihr in meinem Garten?“ „Äpfel klauen“, stammelte ich. „Die sind ja noch grün!“, sagte er. „Was ist mit eurem Garten?“ Meine Angst verflog. Ich erzählte, was mit dem Zaun passiert war. „Ja, das war der Schulz, der sorgt immer für Ordnung“, sagte er. Als ich ging, gab mir Kaluweit eine Menge Pflaumen mit.

Michi sagte: „Mit so einem Säufer lass ich mich nicht ein.“ Aber ich ging nun öfter zu Kaluweit und half ihm im Garten. Nach und nach erfuhr ich: Er hatte seinen Arm in der Kriegsgefangenschaft verloren, ein Arbeitsunfall. Sein Haus war im Krieg zerbombt worden, unter den Trümmern starben seine Frau und seine Kinder. Nur der Garten war ihm geblieben – und er fing an zu trinken.

Im Oktober passierte es. Ich hatte bei Freunden die Zeit vergessen. Meine Mutter suchte mich zuerst bei Michi. Der erzählte von Kaluweit, dem „Menschenfresser“. Sie lief zur Polizei. Die Polizisten rasten zu Kaluweit, der zu betrunken war, um auf ihre Fragen zu antworten. Ein findiger Reporter machte eine Geschichte für die Zeitung daraus. Bald war Karl Kaluweit für alle ein Krimineller. Als ich ihn in seinem Garten besuchen wollte, war er verschwunden.

Jetzt stehen dort Hochhäuser. Und in den Hochhäusern leben heute Ausländer – neue „Menschenfresser“?

nach Klaus Kordon

DACHBODENLUFT SCHMECKT ANDERS

Jo mochte seinen nagelneuen Vater nicht. Erstens bekam er durch ihn eine Schwester, was man wirklich nicht zum Leben braucht. Zweitens verstand der neue Vater keinen Spaß. Und drittens sperrte er Jo auf dem Dachboden ein, bloß weil er „Idiot“ zu ihm gesagt hatte. Mama konnte Jo nicht retten, die saß beim Friseur. „Ich hol dich wieder, wenn du dich abgekühlt hast!“, sagte der neue Vater.

Zittrig vor Wut hockte Jo da, zwischen Plastiktüten voller Babysachen und Mamas alten Kleidern. Jede Familie hier im Haus hatte auf dem Boden einen Verschlag, abgetrennt durch Bretterwände und eine klapprige Tür. Draußen wurde es schon dunkel und die Glühbirne verbreitete nur spärlich Licht. Dann verlosch sie. Das war zu viel. „Mist!“, schrie er. „Blöder Mistkerl!“

„Klack“ machte das Schloss und die Tür ging auf. Seine nagelneue Schwester leuchtete Jo mit ihrer Taschenlampe ins Gesicht. Ein halbes Jahr jünger als er war sie, aber ein klitzekleines Stück größer.

„Was willst du denn hier?“, fragte Jo misstrauisch. „Schickt dein doofer Vater dich?“ – „Besser als gar keiner“, sagte Jule und hockte sich auf Jos altes Dreirad. „Er hat den Schlüssel nebens Telefon gelegt, da hab ich ihn mir ausgeliehen. Dachte, du könntest Gesellschaft brauchen.“ – „Was ist, wenn er merkt, dass der Schlüssel weg ist?“ – „Das merkt er nicht. Er verlegt dauernd was.“ – „Hat er dich auch mal eingesperrt?“

„Ist schon vorgekommen. Weißt du, dass Dachbodenluft anders schmeckt als normale Luft? Hab ich gemerkt, als ich mal so richtig Angst bekam. Ich hab geschmeckt, wie feucht und kühl die Luft war, und da hab ich mir vorgestellt, dass Dachbodenluft stärker macht, dass man irgendwie zu wachsen anfängt, wenn man sie einatmet. Versuch's mal.“

„Blödsinn“, brummte Jo, sog aber die muffige Luft durch die Nase und stellte sich vor, dass er davon mindestens einen halben Meter wuchs. War kein schlechtes Gefühl.

„Komm“, sagte Jule, „wir gucken uns den nächsten Verschlag an, okay?“ Sie ließ das Türschloss zuklacken, griff sich einen Hocker, stellte ihn vor den nächsten Verschlag, kletterte an der Holzwand hoch und schwang sich obendrüber. Jo kletterte hinterher. – Eine Fundgrube! Sie setzten alte Perücken auf und spielten mit einer Modelleisenbahn. Plötzlich hörten sie draußen Stimmen.

„Ist mir schnurzegal, wo du den Schlüssel hast!“, schimpfte Jos Mutter. „Du holst sofort den Jungen da raus. – Jo, geht's dir gut?“ „Alles okay!“, muffelte Jo in seinen Ärmel, damit sie nicht merkten, dass er einen Verschlag weiter steckte. „Schnell“, raunte Jule Jo zu. „Wir müssen zurück.“ Ihre Eltern stritten sich so lautstark, dass sie nicht merkten, wie die zwei sich über die Bretterwand schwangen.

Jos Mutter knackte das Schloss mit einem Schraubenzieher und der nagelneue Vater musste sich bei Jo entschuldigen.

Er stritt sich später noch oft mit Jo, aber auf den Dachboden sperrte er ihn nicht noch mal.

Doch sobald Jo oder Jule Ärger hatten, schlichen sie hinauf und atmeten eine gewaltige Portion Dachbodenluft ein. Danach fühlten sie sich stärker als aller Ärger der Welt.

Cornelia Funke

Der Rattenfänger zu Hameln

Im Jahr 1284 ließ sich zu Hameln ein wunderlicher Mann sehen. Er hatte einen Rock von vielfarbigem, buntem Tuch an, weshalb man ihn Bunting hieß. Der Mann gab sich für einen Rattenfänger aus und versprach, gegen ein gewisses Geld die Stadt von allen Mäusen und Ratten zu befreien. Die Bürger wurden mit ihm einig und versprachen ihm einen bestimmten Lohn. Der Rattenfänger zog daher ein Pfeifchen heraus und pfiff, da kamen sogleich die Ratten und Mäuse aus allen Häusern hervorgekrochen und sammelten sich um ihn herum. Als er nun meinte, es wären keine zurück, ging er hinaus, und der ganze Haufen folgte ihm. So führte er sie an die Weser und trat in das Wasser, worauf ihm die Tiere allesamt folgten, hineinstürzten und ertranken.

Nachdem die Bürger von ihrer Plage befreit waren, reute sie der versprochene Lohn. Unter allerlei Ausflüchten verweigerten sie dem Manne das Geld, sodass er zornig und erbittert wegging.

Am 26. Juni, früh sieben Uhr, erschien er wieder, jetzt in Gestalt eines Jägers, mit schrecklichem Gesicht und einem roten, wunderlichen Hut. Er ließ seine Pfeife in den Gassen hören. Alsbald kamen diesmal nicht Ratten und Mäuse, sondern Kinder, Knaben und Mägdlein vom vierten Jahr an, in großer Zahl gelaufen, unter ihnen auch die erwachsene Tochter des Bürgermeisters. Der ganze Schwarm folgte ihm nach, und er führte sie hinaus in einen Berg, wo er mit ihnen verschwand. Dies hatte ein Kindermädchen gesehen, welches mit einem Kind auf dem Arm von fern nachgezogen war, danach umkehrte und das Gerücht in die Stadt brachte.

Die Eltern liefen haufenweise vor alle Tore und suchten mit betrübtem Herzen ihre Kinder; die Mütter begannen jämmerlich zu weinen und zu klagen. Sogleich wurden Boten zu Wasser und Land an alle Orte herumgeschickt, doch niemand hatte die Kinder oder auch nur etliche gesehen. Es waren im Ganzen hundertunddreißig verloren.

Zwei sollen sich verspätet haben und zurückgekommen sein. Davon sei das eine blind, das andere stumm gewesen, sodass das blinde den Ort nicht zeigen konnte, wohl aber erzählen, wie sie dem Spielmann gefolgt wären; das stumme aber habe den Ort gewiesen, obgleich es nichts gehört hatte.

Ein Knäblein war im Hemd mitgelaufen, dann aber umgekehrt, um seinen Rock zu holen, wodurch es dem Unglück entging; denn als es zurückkam, waren die anderen schon in der Höhle, die noch gezeigt wird, unauffindbar verschwunden.

Die Straße, durch welche die Kinder zum Tor hinausgingen, hieß noch lange die tonlose, weil darin weder getanzt noch musiziert werden durfte. Ja, wenn eine Braut mit Musik zur Kirche gebracht wurde, mussten die Spielleute über die Gasse hin stillschweigen. Am Poppenberg bei Hameln, in dem die Kinder verschwanden, wurden links und rechts zwei Steine in Kreuzform aufgerichtet. Einige sagen, die Kinder wären in eine Höhle geführt worden und in Siebenbürgen wieder herausgekommen.

erzählt von Josef Guggenmos

1. Wenn dich ein Löwe nach der Uhrzeit fragt, S. 128 – 131

a) Wo liegt das afrikanische Land Tansania? (Karte / Globus)
b) Was erfährst du über Temeo und seine Eltern?
c) Warum muss Temeo Freunde und Bekannte um Geld bitten?
d) Erkläre die Redensarten
- „wenn dich ein Löwe nach der Uhrzeit fragt"
- „Er ist gekleidet wie ein Gockel."

Temeo erzählt, S. 129 – 131

a) Zu wem geht Temeo zuerst?
b) Temeos Schuhe und Jacke sehen bald nicht mehr aus wie neu. Weshalb?
c) Wie versucht Temeo, den Wächter an der Zufahrt zu beeindrucken?
d) Mr. Christofers Haus stammt aus der Kolonialzeit. Informiere dich.
e) Temeo bittet nicht direkt um Geld. Wie geht er vor?
f) Wie fühlt sich Temeo während des Besuches? Und danach?
g) Informiere dich im Internet über dieses Kinderbuch.

2. Der Menschenfresser, S. 132 / 133

a) Was befand sich früher dort, wo jetzt Hochhäuser stehen?
b) Warum nennt Michi Karl Kaluweit einen „Menschenfresser"? (Z. 10 – 17) Was will er damit sagen?
c) Der Zaun wird zerstört. Wen beschuldigt Michi? Wer war es wirklich?
d) Der Ich-Erzähler lernt Karl Kaluweit näher kennen. Was erfährt er über ihn?
e) Michi wollte Karl Kaluweit nicht kennenlernen. Aber er erzählt über ihn. Welche Folgen hat das? Lies noch einmal Z. 41 – 47.
f) Wovor will der Autor mit der Geschichte warnen? Lies noch einmal die kurzen Abschnitte am Anfang und am Schluss.

3. Dachbodenluft schmeckt anders, S. 134 / 135

a) Jo sitzt zittrig vor Wut im Verschlag auf dem Dachboden, der zur Wohnung seiner Familie gehört. Wie ist es dazu gekommen?

b) Wie lernt Jo seine neue Schwester besser kennen und wodurch hilft Jule ihm, seine Wut zu vergessen?

c) Es gibt keine Dachboden-Strafe mehr – aber Jo und Jule schleichen sich doch manchmal hinauf. Warum?

4. Der Rattenfänger zu Hameln, S. 136/137

a) Beschreibe den Mann, den die Bürger von Hameln beauftragen, die Stadt von Ratten zu befreien.

b) Die Bürger verweigern dem Rattenfänger den Lohn. Wie rächt er sich?

c) Wer erzählt davon, was geschehen ist? Warum weiß man nichts Genaueres?

d) Welcher Brauch erinnerte noch lange an die verlorenen Kinder?

e) Sagen sind fantastische Geschichten, die erzählen, was einmal an einem bestimmten Ort geschehen ist. Manchmal ist etwas Wahres dran.

- Wann war der Rattenfänger in Hameln?
- Finde die Stadt Hameln auf der Karte. Informiere dich weiter im Internet.
- Siebenbürgen liegt im heutigen Rumänien. Suche es auf der Karte und informiere dich im Internet über den Ort „Almescher Höhle“.

Wie die Schrift erfunden wurde

Wer den Buchstaben A auf den Kopf stellt und mit ein bisschen Fantasie ausmalt, erkennt den Kopf einer Kuh. Wer den Buchstaben P umklappt und ein Auge und einen Mund hineinmalt, sieht den Kopf eines Menschen.

Unsere Buchstaben verwandeln sich durch Drehen und Wenden ganz schnell in kleine Bilder. So etwa ging es zu, als die Menschen das Schreiben erfanden – nur umgekehrt.

Der Ursprung aller Buchstaben waren Bilder:
Der Kaufvertrag über vier Ochsen wurde in frühen Zeiten so geschlossen: Man ritzte vier Kuhköpfe auf ein Tontäfelchen und brach es in der Mitte. Käufer und Verkäufer bekamen je eine Hälfte. Die passende Bruchstelle und das Bild waren der Nachweis für diesen Handel.

Im Haushalt fanden es die Menschen lästig, jedes Mal zuerst in ein Tongefäß hineinschauen zu müssen, um Korn, Honig oder Wein zu holen. Sie ritzten zur Kennzeichnung auf das eine Gefäß eine Ähre, auf das nächste eine Biene, auf das dritte eine Traube.

Solche Bild-Zeichen gibt es auch bei uns. Sie weisen uns im Straßenverkehr auf Fahrrad- oder Fußgängerwege hin; es gibt sie im Bahnhof, im Hotel, in der Schule. Sie haben im Vergleich zu Wörtern einen großen Vorteil: Sie sind international, jeder kann sie verstehen.

Anders verhält es sich, wenn eine Schrift nur aus Bildzeichen besteht. Ein Chinese zum Beispiel muss rund 5000 Schriftzeichen kennen, um die Zeitung zu lesen. Das ist ziemlich schwer.

Einfacher wird es, wenn man bestimmte Zeichen für Silben festlegt. Bei den Wörtern Kin**der**, Rin**der**, Wäl**der** und Rä**der** könnte man für die zweiten Silben ein einheitliches Zeichen benutzen, bei **le**gen, **le**ben, **le**sen oder **Le**der für die ersten. Es wären dann 80 bis 100 Silben-Zeichen nötig, um die zweisilbigen deutschen Wörter zu schreiben.

Verkürzte Schreibweisen benutzen viele Verfasser von SMS-Nachrichten zum Spaß oder aus Bequemlichkeit: Statt „Gute Nacht“ heißt es „GuTN8“.

In Rätseln bereitet uns das Spiel mit Bildern und Buchstaben großes Vergnügen. In einem „Rebus“ stehen Bilder für Wörter. Die Buchstaben werden nach Spielanleitung verändert oder ausgeschieden. Die verbleibenden Buchstaben ergeben als überraschende Lösung ein neues Wort.

In solchen Rätseln spielen wir mit Buchstaben. Die Buchstaben sind Zeichen für die einzelnen Laute der Sprache und können zu beliebig vielen Wörtern zusammengesetzt werden. Das Erstaunliche dabei ist: Wir benötigen nur 26 Laut-Zeichen, um alle Wörter zu schreiben. Das Alphabet ist eine geniale Erfindung – einfach zu schreiben und leicht zu lernen.

Wer hat es erfunden?

Das weiß keiner so genau. Aber man hat erforscht, woher unser Alphabet kommt:
In Phönizien, einem Gebiet am östlichen Mittelmeer, schrieb man schon vor 3000 Jahren mit einem Alphabet aus 22 Buchstaben von rechts nach links. Benachbarte Völker lernten es kennen, so auch die Griechen. Sie erweiterten das Alphabet mit Zeichen für die fünf Vokale und änderten die Schreibrichtung: von links nach rechts. Dieses Alphabet wurde dann von den Römern übernommen und kam schließlich als das „lateinische Alphabet“ nach Germanien – zu uns.

Der Buchdruck veränderte die Welt

Sicher hast du ein Lieblingsbuch, das unter all deinen anderen Büchern für dich besonders wertvoll ist. Vor rund 550 Jahren waren alle Bücher wertvoll. Damals wurde jedes Buch von Hand abgeschrieben und mit Bildern ausgemalt. Mönche in Klöstern waren Spezialisten dafür. Wer ein Buch bestellte, musste Monate oder Jahre warten, bis es fertig war.
„Nicht so schlimm“, könnte einer sagen, „die meisten Menschen konnten ja doch nicht lesen.“ Das können wir uns kaum noch vorstellen.

Johannes Gutenberg erfand im Jahr 1450 den **Buchdruck mit beweglichen Lettern** und veränderte damit die Welt.
Bis dahin wurde ein Text, ähnlich wie beim Kartoffeldruck, seitenverkehrt in eine Holztafel geschnitzt. Das war der Druckstempel. So entstanden zum Beispiel Flugblätter – aber nur wenige Bücher. Es war schwierig und sehr zeitraubend, lange Texte in Holztafeln zu schnitzen, um sie dann drucken zu können.

Johannes Gutenberg hatte die Idee, einen Text aus einzelnen Buchstabenstempeln zusammenzusetzen. Von jedem Buchstaben des Alphabets musste es viele genau gleiche Druckstempel, die „Lettern“, geben. Dafür erfand er das Handgießinstrument, eine Art „Backform“ für Buchstaben.

Zunächst gravierten Handwerker alle Buchstaben seitenverkehrt auf harte Stäbe aus Stahl. Diese Stempel konnten dann leicht in weiche Kupferstöcke eingeschlagen werden. Diese Kupferstöcke wurden in das Handgießgerät eingesetzt, um die verschiedenen Lettern aus Blei zu gießen.

Mit dieser Technik konnte Johannes Gutenberg die vielen verschiedenen Lettern in genau der gleichen Größe herstellen.

Für den Druck setzte der Setzer die Lettern im Winkelhaken zu einer Zeile zusammen. Die Zeilen wurden auf einem Holztablett zu einer Seite angeordnet, eingefärbt und in die hölzerne Presse geschoben.

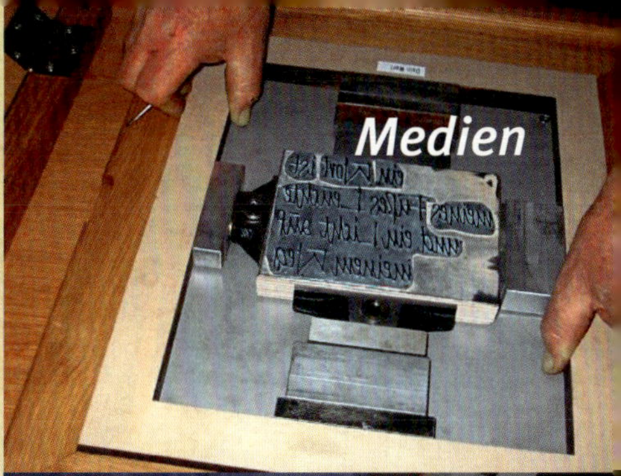

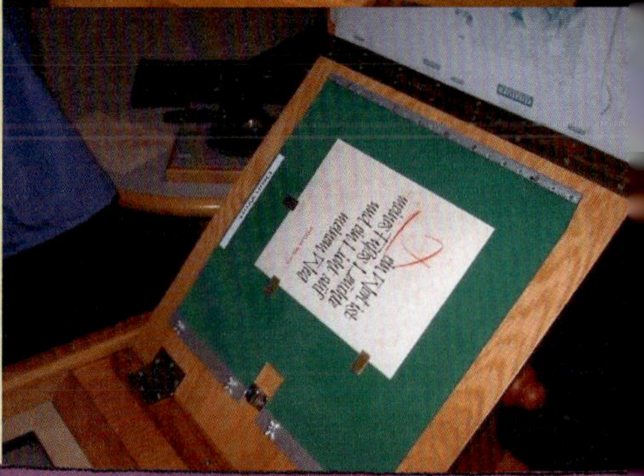

Zuerst druckte Johannes Gutenberg ein Schulbuch: eine lateinische Grammatik. Danach folgte sein Hauptwerk. Das war die Bibel in lateinischer Sprache. Mit geschnitzten Holzstempeln wäre diese Bibel mit ihren drei Millionen Buchstaben und Zeichen und Bildern niemals zustandegekommen.

Seine Erfindung, der **Buchdruck mit beweglichen Lettern,** verbreitete sich rasch. Bald wurden in vielen Städten Bücher gedruckt. Wer lesen konnte, hatte nun den Zugang zum Wissen der Welt. Die erste Fibel in deutscher Sprache wurde im Jahr 1527 gedruckt. Jetzt konnten auch die Kinder der Bauern und Handwerker in Schulen das Lesen lernen.

1605 erschien in Straßburg die erste gedruckte Zeitung. Was stand darin?

… wieder Piratenüberfälle
… neue Nachrichten vom Papst
… Galileo Galilei erfindet ein Fernrohr …

1999 wählte das A&E Network, ein amerikanisches Medienunternehmen, Johannes Gutenberg zum **„Mann des Jahrtausends“** und stellte ihn damit vor die berühmten Erfinder Leonardo da Vinci, Thomas A. Edison oder Galileo Galilei.

Ein Tag bei

So entsteht eine Zeitung: Was passiert, damit ihr jeden

Der Arbeitstag in der Redaktion beginnt. Nach und nach kommen die Journalisten ins Pressehaus in Stuttgart-Möhringen. Sie schalten ihre Computer ein und sehen nach, was in der Nacht so alles in der Welt geschehen ist. Während in Deutschland nämlich die meisten Menschen schlafen, ist auf der anderen Seite der Erde Tag. Dann geschehen zum Beispiel in Amerika viele wichtige Dinge. Dort sitzen auch Journalisten und schicken die neuesten Nachrichten übers Internet in die Redaktionen. Jeder Redakteur sucht sich interessante Themen heraus und stellt diese in seinem Ressort vor. In der Nacht haben Diebe bei einem Stuttgarter Juwelier eingebrochen? Das ist ein Fall für unseren Polizeireporter Wolf-Dieter Obst.

Jetzt kommen alle Ressortleiter im großen Konferenzraum zusammen und berichten, was ihre Redakteure alles für den nächsten Tag schreiben möchten. Der Chefredakteur hört sich alles an und sagt, was er gut findet und was nicht. Währenddessen sind manche Journalisten schon draußen unterwegs oder telefonieren fleißig, um Informationen für ihre Artikel zu sammeln.

Die meisten Themen stehen fest. Jetzt sind die Blattmacher gefragt. Sie sitzen in jedem Ressort und entscheiden, wo welcher Artikel stehen soll. Der wichtigste Text steht oben auf der Seite und heißt Aufmacher. Natürlich denkt jeder Redakteur, dass seine Geschichte die wichtigste ist. Deshalb müssen Blattmacher wie Eva Dähne ganz viel mit den Kollegen reden.

Wenn sich alle geeinigt haben, können die Redakteure mit dem Schreiben anfangen. Sie benutzen dabei ein ganz bestimmtes Computer-Programm, das ihnen genau anzeigt, wie die Zeitungsseite später aussehen wird.

den Turbo-Tippern

Morgen neue Nachrichten in eurem Briefkasten findet

Bitte nicht stören! Jetzt tippen fast alle ganz fleißig. Schließlich soll die Zeitung rechtzeitig fertig werden. Manche Redakteure aber sitzen ganz nervös an ihren Schreibtischen und können mit ihren Artikeln nicht beginnen. Sie warten noch auf einige wichtige Informationen. Vielleicht wollte einer von ihnen am Morgen einen Politiker was am Telefon fragen. Der war aber nicht im Büro. „Er ruft Sie im Laufe des Tages zurück", hat die Sekretärin gesagt. Naja, und dann heißt es eben warten, warten, warten.

Spätestens jetzt müssen alle Artikel für die erste Druckrunde fertig sein. Die Seiten werden per Computer in die Druckerei gesendet. Dort hängen die Drucker riesige Papierrollen in eine der 17 Meter hohen Maschinen. Bis zu 42 000 Zeitungen kann eine Maschine in nur einer Stunde drucken. Stellt euch mal vor: Das sind so viele Zeitungen wie Menschen in das Bremer Weserstadion passen!

Die ersten 4 000 bis 5 000 Zeitungen werden in Lieferwagen verladen. Sie haben zum Teil eine kleine Reise vor sich, denn es gibt auch Leute in Ulm, Augsburg oder Heidelberg, die am nächsten Morgen die Stuttgarter Nachrichten lesen möchten.

Bis jetzt können die Redakteure noch etwas an ihren Geschichten ändern. Manchmal schreiben sie die Artikel auch ganz neu – zum Beispiel, wenn abends der VfB im Stuttgarter Daimlerstadion gespielt hat.

Die letzte Zeitung ist gedruckt. In Paketen von bis zu 30 Stück laufen die Exemplare auf einem Fließband direkt in die Lieferwagen. Die Fahrer bringen die Zeitungen zu den Boten. Rund 600 von ihnen verteilen die Nachrichten in der Stadt. Die ersten Boten müssen ganz früh aufstehen: Ihre Arbeit beginnt gegen 03:15 Uhr.

Die frische Zeitung liegt in eurem Briefkasten. Viel Spaß beim Lesen!

1. Wie die Schrift erfunden wurde, S. 140/141

a) Was ist der Vorteil von Bildzeichen im Vergleich zu Wörtern?
b) Was ist der Nachteil, wenn eine Schrift nur aus Bildzeichen besteht?
c) Erkläre den Begriff „Rebus“.
d) Woher kommt unsere Schrift?
e) Zeichne eine Tabelle und trage die Anzahl der jeweils benötigten Zeichen ein. Bewerte den Schwierigkeitsgrad beim Erlernen mit leicht, mittel, schwer.

	Bilderschrift	Silbenschrift	Buchstabenschrift
Anzahl der Zeichen			
Schwierigkeitsgrad beim Erlernen			

f) Erfinde einen eigenen Rebus.

2. Der Buchdruck veränderte die Welt, S. 142/143

a) Wie wurden Bücher vor 550 Jahren hergestellt?
b) Wie heißt das Buchdruckverfahren, das Johannes Gutenberg im Jahr 1450 erfunden hat?
c) Lies noch einmal die Zeilen 22 – 30. Schreibe Stichwörter und erkläre den Vorgang vor der Klasse.
d) Wann wurde die erste Fibel für Schulkinder gedruckt?
e) Welche Schlagzeilen standen in der ersten Zeitung?
f) Welche Ehre wurde Johannes Gutenberg im Jahre 1999 zuteil?

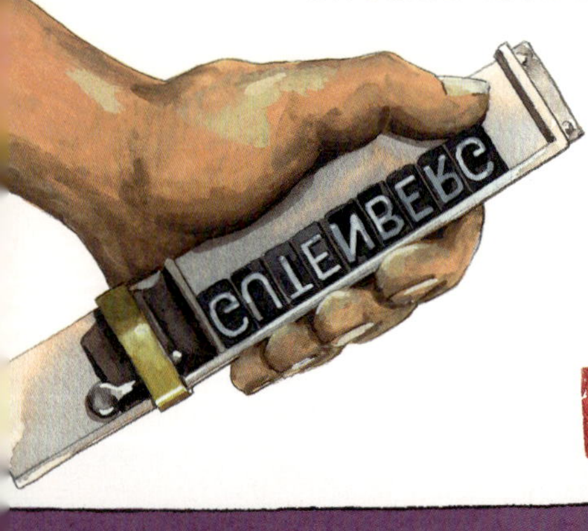

3. Ein Tag bei den Turbo-Tippern, S. 144/145

a) Trage die Überschriften in einen „Stundenplan" der Zeitungsmacher ein.

Wann?	**Was?**
10:00 Uhr	
11:00 Uhr	
13:00 Uhr	
15:15 Uhr	
17:00 Uhr	
18:45 Uhr	
19:50 Uhr	
00:45 Uhr	
02:45 Uhr	
06:30 Uhr	

- Der Lokalteil muss fertig sein.
- Die Artikel für die erste Druckrunde müssen fertig sein.
- Die Redakteure benutzen beim Schreiben ein spezielles Computer-Programm.
- Die „Aufmacher" werden festgelegt.
- Die aktuelle Zeitung liegt in den Briefkästen der Abonnenten.
- Die ersten Zeitungen werden ausgeliefert.
- Der Arbeitstag beginnt.
- Manche Redakteure müssen noch auf Informationen warten.
- Alle Zeitungen sind gedruckt und werden an die Boten in der Stadt verteilt.
- Ressortleiter tragen dem Chefredakteur ihre Themen vor.

b) Wählt einen Abschnitt aus. Schreibt Stichwörter auf. Gemeinsam könnt ihr den Tagesablauf der Zeitungsmacher erklären.

c) Ende des 4. Schuljahres schreiben viele Klassen eine Klassenzeitung.

Tipps dazu: Bildet Gruppen für die verschiedenen Ressorts. Besetzt die Rolle des Chefredakteurs, andere sind für die Gestaltung und den Druck zuständig.

FRÜHLING

Die vier Brüder

Vier Brüder zieh'n jahraus, jahrein
im ganzen Jahr spazieren;
doch jeder kommt für sich allein,
uns Gaben zuzuführen.

Der Erste kommt mit leichtem Sinn,
in reines Blau gehüllet,
streut Knospen, Blätter, Blüten hin,
die er mit Düften füllet.

Der Zweite tritt schon ernster auf
mit Sonnenschein und Regen,
streut Blumen aus in seinem Lauf,
der Ernte reichen Segen.

Der Dritte naht mit Überfluss
und füllet Küch' und Scheune,
bringt uns zum süßesten Genuss
viel Äpfel, Korn und Weine.

Verdrießlich braust der Vierte her,
in Nacht und Graus gehüllet,
sieht zürnend Wald und Wiesen leer,
die er mit Schnee erfüllet.

Wer sagt mir, wer die Brüder sind,
die so einander jagen?
Leicht rät sie wohl ein jedes Kind,
drum brauch' ich's nicht zu sagen.

Karoline Stahl

Er ist's

Frühling lässt sein blaues Band
Wieder flattern durch die Lüfte;
Süße, wohlbekannte Düfte
Streifen ahnungsvoll das Land.
Veilchen träumen schon,
Wollen balde kommen.
– Horch, von fern ein leiser Harfenton!
Frühling, ja du bist's!
Dich hab ich vernommen!

Eduard Mörike

Frühlingswünsche

Die alten Blätter sind verweht, die Bäume kriegen junge.
Die Amsel pfeift im Haselbusch und schnalzt mit ihrer Zunge.
Der letzte Schnee tropft von dem Dach in unsre Regentonne.
Die Katze auf der Fensterbank genießt die Morgensonne.
Die braunen Gräser recken sich und kriegen grüne Spitzen
– und mittags kann der Großpapa schon mal im Garten sitzen.
Wie frisch gewaschen ist die Luft,
statt Schnee fiel wieder Regen.
Wenn's morgen doch schon Sommer wär!
– Wir hätten nichts dagegen.

Eva Rechlin

Sommer

Ich bin der Juli

Grüß Gott! Erlaubt mir, dass ich sitze,
ich bin der Juli; spürt ihr die Hitze?
Kaum weiß ich, was ich noch schaffen soll,
die Ähren sind zum Bersten voll;
reif sind die Beeren, die blauen und roten,
saftig sind Möhren und Bohnen und Schoten.
So habe ich ziemlich wenig zu tun,
darf mich ein bisschen im Schatten ruhn.
Duftender Lindenbaum,
rausche den Sommertraum!
Seht ihr die Wolke? Fühlt ihr die Schwüle?
Bald bringt Gewitter Regen und Kühle.

Paula Dehmel

Sommerregen

Die Bäume sind nass vom Kopf bis zum Zeh.
Ich wandere barfuß durch die Allee.
Die Wiese ist sumpfig, der Weg ist ein Bach,
es trommeln die Tropfen aufs Gartenhausdach.

Ich wandere barfuß. Das Gras kitzelt so.
Was ich hier mache? Nass sein und froh!

Georg Bydlinski

Garten

Ich sitze im Gras und schweige.
Der Himmel ist blau wie das Meer.
Der Wind bewegt die Zweige,
sie schwingen leicht, hin und her.
Ich bin nicht allein, denn ich sehe
den Wind, der im Kirschgeäst schaukelt,
den Schmetterling, der in der Nähe
ganz langsam vorübergaukelt.
Ich höre die Amseln und Stare.
Ich sehe die Käfer im Kraut.
Der Wind bewegt meine Haare,
die Sonne berührt meine Haut.

Georg Bydlinski

Sommer

Sommer, du bist jetzt im Land;
ohne Kälte im Gewand
mit erhöhten Thermometern
machst du selbst aus Miesepetern
endlich schön, ich sag's dir heute,
richtig gutgelaunte Leute!

Helga Kurowski

Herbst

Indian Summer

Viele Touristen besuchen jedes Jahr zur Herbstzeit die Gegend der Großen Seen in den USA und erleben dort den Indian Summer – die herbstliche Farbenpracht der Laubwälder. Sie leuchten in allen Rottönen: vom strahlenden Orange bis zum tiefen Rot. Man weiß nicht genau, warum diese Zeit „Indianer-Sommer" genannt wird. Aber eine Sage der Indianer vom Stamm der Irokesen erklärt, warum sich die Blätter der Bäume so tiefrot verfärben.

Die Jagd auf den großen Bären

Es waren einmal vier Jäger, denen kein Wild entkommen konnte. Sie waren Brüder. An einem Tag im Winter hörten sie, dass ein riesiger Bär aufgetaucht sei – ein mächtiges Tier, womöglich ein Ungeheuer mit Zauberkräften. Im Dorf, das er bedrohte, herrschte nur noch Angst. Kein Kind durfte mehr im Wald spielen.

Die vier Jäger ergriffen ihre Speere, pfiffen ihrem Hund und machten sich auf den Weg zu diesem Dorf. Im Wald war es totenstill. Kein Tier raschelte, kein Vogel sang. Und dann entdeckten sie hoch oben am Stamm einer großen Tanne die tiefen Kratzspuren eines Bären. „Es stimmt, was die Leute befürchten", sagte der älteste Bruder. „Das ist der ungeheuerliche Riesenbär Nyah-gwaheh, von dem unsere Stammesältesten erzählen."

Der Häuptling des Dorfes empfing die vier Brüder mit besorgtem Gesicht: „Dieser Bär ist unbezwingbar. Seine Spur verschwindet, wenn man sie verfolgt." Ein Bruder streichelte ihren kleinen Hund. „Vier-Auge macht das schon", sagte er. „Er heißt so, weil er um jedes Auge einen schwarzen Ring hat. Er findet jede Spur." Alle Brüder wussten, dass sie die Fährte des Nyah-gwaheh finden mussten, bevor er ihre Spuren entdeckte. Sonst waren sie verloren.

Die vier Jäger folgten nun ihrem Hund, der aufmerksam schnüffelnd und schnuppernd die Fährte des Bären suchte. Sie spürten die bedrohliche Nähe des Ungeheuers. Endlich bellte Vier-Auge: Da war die Fährte! Die Jagd begann! Der weiße Riesenbär flüchtete bergauf, bergab und wieder bergauf, immer höher und höher. Die Jäger verfolgten ihn unerbittlich, fast ein Jahr lang. Endlich stellten sie ihn: Vier-Auge packte den Schwanz, der Bär fuhr herum, ein Jäger schleuderte seinen Speer – und tödlich getroffen fiel Nyah-gwaheh blutend zu Boden.

Die Brüder zerlegten das Tier und brieten sein Fleisch. Wie sie so aßen, bemerkten sie über und unter sich glitzernde Sterne. Sie waren nicht mehr auf der Erde. Der Bär hatte die Jäger bis hinauf in den Himmel geführt. Und plötzlich bellte Vier-Auge: Der weiße Bär erwuchs neu aus den Knochen und flüchtete. Die Jäger griffen ihre Speere – und wieder begann die lange Jagd.

Die Irokesen sehen den Riesenbären und seine Verfolger am Himmel. Es ist das Sternbild Großer Bär. Im Herbst wird der Bär getötet, sein Blut verfärbt die Blätter der Bäume zu tiefem Rot. Bald darauf wird der Bär wieder lebendig und die Jäger verfolgen ihn aufs Neue. Bis zum nächsten Herbst.

Wir kennen das Sternbild Großer Wagen. Die Wagensterne sind Teil des ausgedehnten Sternbilds Großer Bär. Die Deichselsterne sind die Verfolger.

Winter

Weihnachten

Die Tiere diskutierten einmal über Weihnachten ... Sie stritten, was wohl die Hauptsache an Weihnachten sei. „Na klar, Gänsebraten“, sagte der Fuchs. „Was wäre Weihnachten ohne Gänsebraten?“ „Schnee“, sagte der Eisbär. „Viel Schnee.“ Und er schwärmte verzückt von der weißen Weihnacht. Das Reh sagte: „Ich brauche aber einen Tannenbaum, sonst kann ich nicht Weihnachten feiern.“ „Aber nicht so viele Kerzen“, heulte die Eule. „Schön schummrig und gemütlich muss es sein. Stimmung ist die Hauptsache.“ „Aber mein neues Kleid muss man sehen“, sagte der Pfau. „Wenn ich kein neues Kleid kriege, ist für mich kein Weihnachten.“ „Und Schmuck!“, krächzte die Elster. „Jede Weihnachten bekomme ich was: einen Ring, ein Armband. Oder eine Brosche oder eine Kette. Das ist für mich das Allerschönste an Weihnachten.“ „Na, aber bitte den Stollen nicht vergessen“, brummte der Bär. „Das ist doch die Hauptsache. Wenn es den nicht gibt und all die süßen Sachen, verzichte ich auf Weihnachten.“ „Mach’s wie ich“, sagte der Dachs, „pennen, pennen, pennen. Das ist das Wahre. Weihnachten heißt für mich: Mal richtig pennen.“ „Und saufen“, ergänzte der Ochse. „Mal richtig einen saufen – und dann pennen.“ Aber da schrie er „aua“, denn der Esel hatte ihm einen gewaltigen Tritt versetzt. „Du Ochse du, denkst du denn nicht an das Kind?“ Da senkte der Ochse beschämt den Kopf und sagte: „Das Kind. Jaja, das Kind. Das ist doch die Hauptsache.“ Dann fragte er den Esel: „Übrigens, wissen das eigentlich die Menschen?“

Verfasser unbekannt

Die drei Spatzen

In einem leeren Haselstrauch
da sitzen drei Spatzen, Bauch an Bauch.
Der Erich rechts und links der Franz
und mittendrin der freche Hans.
Sie haben die Augen zu, ganz zu,
und obendrüber, da schneit es, hu!
Sie rücken zusammen dicht an dicht.
So warm wie der Hans hat's niemand nicht.
Sie hör'n alle drei ihrer Herzlein Gepoch.
Und wenn sie nicht weg sind, so sitzen sie noch.

Christian Morgenstern

Ein winterliches Gedicht

Erst gestern war es, denkst du daran?
Es ging der Tag zur Neige.
Ein böser Schneesturm da begann
und brach die dürren Zweige.

Der Sturmwind blies die Sterne weg,
die Lichter, die wir lieben.
Vom Monde gar war nur ein Fleck,
ein gelber Schein geblieben.

Und jetzt? So schau doch nur hinaus:
Die Welt ertrinkt in Wonne.
Ein weißer Teppich liegt jetzt aus.
Es strahlt und lacht die Sonne.

Wohin du siehst: Ganz puderweiß
geschmückt sind alle Felder.
Der Bach rauscht lustig unterm Eis.
Nur finster stehn die Wälder.

Alexander Puschkin

1. Frühling, S. 148/149

Die vier Brüder, S. 148

a) Wer sind die vier Brüder?
b) Was bringen die Brüder mit? Was wünschst du dir von jedem Bruder als „Mitbringsel"?
c) Male die vier Brüder – als Fantasie-Portraits, als Bäume oder als eine Szene.

Frühling – Er ist's, S. 149

a) Vor dem Lesen: Woran merkst du jedes Jahr, dass es Frühling wird? (Was spürst du? Was siehst du? Was hörst du? Was riechst du?)
b) Wie kündigt sich der Frühling im Gedicht an?
c) Lerne das Gedicht auswendig und trage es vor.

Frühlingswünsche, S. 149

a) Tragt das Gedicht zu zweit vor. Teilt dabei die langen Zeilen geschickt auf.
b) Wenn man sich etwas wünscht, hat man es noch nicht – aber man freut sich darauf. Welche Frühlingswünsche entdeckst du im Gedicht?

2. Sommer, S. 150/151

Ich bin der Juli, S. 150

a) Der Juli beschreibt den Sommer. Wovon spricht er?
b) Spiele den Juli nach und trage das Gedicht vor.

Sommerregen, S. 150

a) Was geschieht? Hast du das auch schon erlebt?
b) An welche anderen Geräusche und Beobachtungen erinnerst du dich?
c) Lies noch einmal die erste Zeile. Womit vergleicht der Dichter die Bäume?

Garten, S. 151

a) Gib dem „Ich" einen Namen und erzähle, was er oder sie sieht und fühlt.
b) Male ein Bild zum Gedicht.

Sommer, S. 151

a) Beachte die Überschrift und die ersten Buchstaben in jeder Zeile.
b) Schreibt allein oder zu zweit ein Gedicht in dieser Form. Die Zeilen müssen sich nicht reimen und können auch nur aus einem Wort bestehen. Wählt ein anderes „Sommer-Wort" (z. B. Sonne, Hitze, Urlaub) oder eine andere Jahreszeit als Thema für euer Gedicht.

3. Herbst – Indian Summer, S. 152/153

a) Ist diese Geschichte
- ein Märchen?
- eine Sage?
- eine Lügengeschichte?

b) Will die Geschichte erklären, warum
- Indianer Schneebären jagen?
- ihr Hund vier Augen hat?
- sich jedes Jahr das Laub rot färbt?
- Indianer keine Angst haben?

c) Suche das Sternbild Großer Wagen am Nachthimmel. Mit einem Fernglas kannst du auch den vierten „Jägerstern" sehen.

4. Winter

Weihnachten, S. 154

a) Lest den Text mit verteilten Rollen.
b) Was ist für dich an Weihnachten wichtig?

Die drei Spatzen, S. 155

a) Warum setzt sich der freche Hans in die Mitte?
b) Schreibe eine Fantasiegeschichte über die Spatzen Erich, Franz und Hans. So kannst du anfangen: Es war ein schrecklich kalter Winter, aber die drei Spatzenfreunde merkten den ganzen Tag nichts davon. Sie …

Ein winterliches Gedicht, S. 155

a) Schreibe in einem Brief über das Wintererlebnis, das im Gedicht erzählt wird: *Liebe XX, gestern Abend …*
b) Lerne das Gedicht auswendig und trage so vor, als ob du mit jemandem sprechen würdest.
c) Was magst du am Winter? Was magst du nicht?

Verzeichnisse

Einleitung

S. 7/8 Liebe Leser, Peter Härtling, aus: „Geschichten für Kinder“ Beltz & Gelberg, Weinheim / Basel 2008

1. Wir sind in Klasse 4

S. 12 / 13 Schtefanie oder S-tefanie, Gabriele M. Göbel, aus: „Menschengeschichten“, Beltz Verlag, Weinheim / Basel 1991

S. 14 / 15 Hannes fehlt, Ursula Wölfel, aus: „Die grauen und die grünen Felder“, Ravensburger Taschenbuch Verlag, Ravensburg 1982

S. 16 – 19 Klassenkeile, Klaus Kordon, aus: „Herr Lackmann geht ins Kino“, Beltz und Gelberg, Weinheim / Basel 2008

S. 20 Nicht mit den Wölfen heulen, Wilfrid Grote, aus: „Die Erde ist mein Haus“, Beltz & Gelberg, Weinheim / Basel 1988

S. 20 Ausreden in der Schule, Georg Bydlinski, aus: „ABC und Tintenklecks, Gedichte für Kinder“, Hrsg. Ursula Remmers und Ursula Warmbold, Philipp Reclam jun. GmbH & Co., Stuttgart 2007

S. 21 Große Pause, Siggi Gsell, aus: „ABC und Tintenklecks, Gedichte für Kinder, Hrsg. Ursula Remmers und Ursula Warmbold, Philipp Reclam jun. GmbH & Co., Stuttgart 2007

S. 21 Thomas überlegt, Claudia Lehna, aus: „Fünfzig Kindergedichte“, Hrsg. Heinz-Jürgen Kliewer, Philipp Reclam jun. GmbH & Co., Stuttgart 2000

S. 22 / 23 Herr Kratochwil kommt – fast – nie zu spät, Heinz Janisch, aus: „Herr Kratochwil kommt – fast – zu spät“, Verlag Jungbrunnen, Wien 2009

2. Feuer, Wasser, Erde, Luft

S. 34 / 35 Waris Dirie: Ich war ein Hirtenmädchen, nach: „Wüstenblume“, Waris Dirie mit Cathleen Miller, Knaur, München 2007

3. Manchmal fühle ich mich ...

S. 42 – 45 Jugo, Klaus Kordon, aus: „Herr Lackmann geht ins Kino“, Beltz & Gelberg, Weinheim / Basel 2008

S. 46 / 47 Zwei Augenbrauen sind besser als eine, Karen McCombie, aus: „Indies Welt“, Ravensburger Buchverlag, Ravensburg 2007

S. 48 / 49 Das geht Frau Neugebauer überhaupt nichts an, Paul Maar, aus: „Das große Paul Maar Buch“, Oetinger Verlag, Hamburg 2004

S. 50 / 51 Die Klassenfahrt, Sarah Bosse, aus: „Am liebsten schulfrei“, Ellermann Verlag, Hamburg 1996

S. 52 – 54 Der gelbe Junge, Peter Härtling, aus: „Geschichten für Kinder“, Beltz & Gelberg, Weinheim / Basel 2005

S. 55 Ich bin so, Jürg Schubinger, aus: „Großer Ozean, Gedichte für alle“, Hrsg. Hans-Joachim Gelberg, Beltz & Gelberg, Weinheim / Basel 2006

4. Im Lauf der Zeit

S. 58 – 60 Die Veilchentasse, Mirjam Pressler, aus: „Mirjam Pressler erzählt Geschichten“, Beltz & Gelberg, Weinheim / Basel o.J.

S. 61 Für Samay, Heinrich Böll, aus: aus „Großer Ozean, Gedichte für alle“, Hrsg. Hans-Joachim Gelberg, Beltz & Gelberg, Weinheim / Basel 2006

S. 62 / 63 Erstens, zweitens, drittens, Klaus Kordon, aus: „Geschichtensafari“, Hrsg. Ellen Frömmig, Beltz & Gelberg, Weinheim / Basel 2011

S. 64 / 65 Die Puppe, Thomas Valentin, aus: „Jugend einer Studienrätin – Ausgewählte Erzählungen, Gedichte, Fernsehspiele“, Claasen Verlag, Düsseldorf 1974

5. Mädchen und Jungen

S. 70 Gar nicht einfach, Franz Sales Sklenitzka, aus: „ABC und Tintenklecks – Gedichte für Kinder“, Hrsg. Ursula Remmers und Ursula Warmbold, Philipp Reclam jun. GmbH & Co., Stuttgart 2007

S. 71 Tomas, Christine Nöstlinger, aus: „Ein und Alles“, Beltz & Gelberg, Weinheim / Basel 1992

S. 72 / 73 Markus mag Maja, Rosemarie Künzler-Behncke, aus: „Oder die Entdeckung der Welt“, Hrsg. Hans-Joachim Gelberg, Beltz & Gelberg, Weinheim / Basel 1997

S. 74 – 76 Mädchentore zählen doppelt, Cornelia Franz, aus: „Geschichtensafari“, Hrsg. Ellen Frömming, Beltz & Gelberg, Weinheim / Basel 2011

S. 77 Schluss mit den Befehlen, Wolfgang Mennel, aus: „Großer Ozean – Gedichte für alle“, Hrsg. Hans-Joachim Gelberg, Beltz & Gelberg, Weinheim / Basel 2006

6. *Arbeit und Beruf*

S. 84 / 85	Maria an der Straße, Nasrin Riege, aus: „Oder die Entdeckung der Welt“, Hrsg. Hans-Joachim Gelberg, Beltz & Gelberg, Weinheim / Basel 1997
S. 86 – 88	Der Ausreißer, Peter Härtling, aus: „Geschichten für Kinder“, Beltz & Gelberg, Weinheim / Basel 2008

8. *Fantastisches und Märchenhaftes*

S. 106 / 107	Potilla, Cornelia Funke, aus: „Potilla“, Cecilie Dressler Verlag, Hamburg 2004
S. 113	Rumpelstilz sucht Freunde, Gerald Jatzek, aus: „Das Kanapee ist unser Kahn – Gedichte für Kinder“, Hrsg. Ursula Remmers und Ursula Warmbold, Philipp Reclam jun. GmbH & Co., Stuttgart 2006
S. 114 / 115	Klopoteks Boxer, Cornelia Funke, aus: „Kleiner Werwolf“, Oetinger Verlag, Hamburg 2011

9. *Tiere und Natur erleben und entdecken*

S. 118 / 119	Papa, wann darf ich mit? nach: „Der Bärenmann. Vater und Sohn unter Grizzlys in Alaska“, Andreas Kieling, Hoffmann und Campe, Hamburg 2004
S. 120 / 121	Mäuserettung, Cornelia Funke, aus: „Cornelia Funke erzählt“, Loewe Verlag, Bindlach 2004
S. 122 – 124	Der Hase Theodor, Peter Härtling, aus: „Geschichten für Kinder“, Beltz & Gelberg, Weinheim / Basel 2008

10. *Orte – nah und fern*

S. 128 – 131	Wenn dich ein Löwe nach der Uhrzeit fragt, Hermann Schulz, aus: „Wenn dich ein Löwe nach der Uhrzeit fragt“, Carlsen Verlag, Hamburg 2006
S. 132 / 133	Der Menschenfresser, Klaus Kordon, nach: „Herr Lackmann geht ins Kino“ Beltz & Gelberg, Weinheim / Basel 2006
S. 134 / 135	Dachbodenluft schmeckt anders, Cornelia Funke, aus: „Cornelia Funke erzählt“, Loewe Verlag, Bindlach 2004
S. 136 / 137	Der Rattenfänger, Josef Guggenmos, aus: „Hausbuch Sagen und Schwänke“, Verlag Carl Ueberreuter, Wien 2007

11. *Medien*

S. 144/145	Ein Tag bei den Turbo-Tippern: aus: Stuttgarter Nachrichten – Kindernachrichten vom 31. März 2007

12. *Jahreszeiten*

S. 149	Frühlingswünsche, Eva Rechlin, aus: www.elternweb.at
S. 150	Sommerregen, Georg Bydlinski, aus: „Ein Gürteltier mit Hosenträgern“, Dachs Verlag, Ostfildern 2005
S. 151	Garten, Georg Bydlinski, aus: „Wasserhahn und Wasserhenne“, Dachs Verlag, Ostfildern 2002
S. 151	Sommer, Helga Kurowski, aus: http://gedichte.xbib.de/_Sommer_gedicht01.htm

Bildquellenverzeichnis

S. 34	© Waris Dirie Porträtfoto von Karl Holzhauser/Desert Flower Fondation, 2007
S. 36	Segelschiff: © RCP Photo – Fotolia.com; Mühle: © Martin Vonka – Fotolia.com; Dampfmaschine: © de.wikipedia.org
S. 37	Kraftwerk: © fotosearch.de; Kühltürme: © apfelweile – Fotolia.com; Küste: © Andre B – Fotolia.com; Windrad auf dem Land: © engel.ac – Fotolia.com; Windpark: © visida – Fotolia.com
S. 118/119	Angel: © Julián Rovagnati – Fotolia.com; alle anderen: © Andreas Kieling
S. 142/143	Hintergrund: © pmphoto – Fotolia.com
S. 143	Gutenbergpresse: © www.gutenbergpresse-mieten.de
S. 144	Meeting: © Yuri Arcurs – Fotolia.com; Telefonat: © Doreen Salcher – Fotolia.com
S. 145	Rollendruck: © Oli_ok – Fotolia.com

Illustratorenverzeichnis

Konrad Algermissen, 21493 Basthorst

S. 32/33	Feuer – Naturgewalt aus der Tiefe der Erde
S. 71	Tomas
S. 98 – 103	Galileo Galilei erforscht die Sterne
S. 142/143	Der Buchdruck veränderte die Welt
S. 148/149	Frühling

Andreas Besser, 36460 Dorndorf

S. 28/29	Der Stein der Weisen
S. 80 – 83	Die Schwabenkinder

Renate Emme, 20257 Hamburg

S. 16 – 19	Klassenkeile
S. 26/27	Prometheus
S. 46/47	Zwei Augenbrauen sind besser als eine
S. 58 – 60	Die Veilchentasse
S. 106/107	Potilla
S. 122 – 124	Der Hase Theodor
S. 150/151	Sommer

Christiane Ruth Franke, 8071 Grambach, Österreich

S. 9 – 11	Lesekonferenz
S. 36 – 39	Die Kraft des Windes
S. 48/49	Das geht Frau Neugebauer überhaupt nichts an
S. 64/65	Die Puppe
S. 84/85	Maria an der Straße
S. 136/137	Der Rattenfänger zu Hameln
S. 154/155	Winter

Katrin Gaida, 81379 München

S. 20/21	Gereimtes und Ungereimtes
S. 34/35	Waris Dirie: Ich war ein Hirtenmädchen
S. 50/51	Die Klassenfahrt
S. 66/67	Parzival und die Ritter der Tafelrunde
S. 74 – 76	Mädchentore zählen doppelt
S. 86 – 88	Der Ausreißer
S. 108/109	Baron von Münchhausen: Das Pferd auf dem Kirchturm
S. 125	Der Löwe und das Mäuschen

Ingrid Hecht, 30163 Hannover

	Umschlag, untere Randgestaltung (Sterne)
S. 14/15	Hannes fehlt
S. 42 – 45	Jugo
S. 61	Für Samay
S. 89	Till Eulenspiegel als Bäckergeselle
S. 110 – 112	Rumpelstilzchen
S. 113	Rumpelstilz sucht Freunde
S. 132/133	Der Menschenfresser
S. 140/141	Wie die Schrift erfunden wurde
S. 152/153	Herbst – Indian Summer

Susanne von Poblotzki, 40233 Düsseldorf

S. 7/8	Liebe Leser
S. 12/13	Schtefanie oder S-tefanie
S. 22/23	Herr Kratochwil kommt – fast – zu spät
S. 52 – 54	Der gelbe Junge
S. 77	Schluss mit den Befehlen
S. 120/121	Mäuserettung
S. 128 – 131	Wenn dich ein Löwe nach der Uhrzeit fragt

Achim Schulte, 44263 Dortmund

S. 30/31	Johann Friedrich Böttger und das „weiße Gold“
S. 55	Ich bin so
S. 62/63	Erstens, zweitens, drittens
S. 70	Gar nicht einfach
S. 72/73	Markus mag Maja
S. 92 – 97	Schätze des Orients
S. 114/115	Klopoteks Boxer
S. 134/135	Dachbodenluft schmeckt anders

Heike Treiber, 79199 Kirchzarten

	untere Randgestaltung